CB136063

TARIFA ZERO
A CIDADE SEM CATRACAS

Lucio Gregori, Chico Whitaker
José Jairo Varoli, Mauro Zilbovicius e
Márcia Sandoval Gregori

1ª edição

AUTONOMIA LITERÁRIA

FUNDAÇÃO ROSA LUXEMBURGO

TARIFA ZERO

a cidade sem catracas

Dados Internacionais de Catalogação na Publicação (CIP) (eDOC BRASIL, Belo Horizonte/MG)
C568 A cidade sem catracas: história e significados da tarifa zero / Lucio Gregori... [et al.]. – São Paulo, SP: Autonomia Literária, 2020. 102 p. : 14 x 21 cm ISBN 978-65-87233-10-9 1. Manifestações públicas. 2. Mobilidade urbana. 3. Movimentos de protesto. I. Gregori, Lucio. II. Whitaker, Chico. III. Varoli, José Jairo. IV. Zilbovicius, Mauro. V. Gregori, Márcia Sandoval. CDD 303.620981
Elaborado por Maurício Amormino Júnior – CRB6/2422

Coordenação editorial
Cauê Seignemartin Ameni, Hugo Albuquerque & Manuela Beloni

Edição
Daniel Santini

Preparação
Tulio Kawata

Revisão
Hugo Maciel de Carvalho

Capa e ilustrações
Rodrigo Corrêa

Diagramação
Márcia Sandoval Gregori

Fundação Rosa Luxemburgo
Escritório Brasil – São Paulo
Diretor Torge Löding

Esta publicação foi realizada com apoio da Fundação Rosa Luxemburgo e fundos do Ministério Federal para a Cooperação Econômica e de Desenvolvimento da Alemanha (BMZ).

Você tem a liberdade para compartilhar, copiar, distribuir e transmitir esta obra, desde que cite a autoria e não faça uso comercial. Licença Creative Commons de atribuição, uso não comercial e não a obras derivadas.
(BY-NC-ND 2.0 BR)

SUMÁRIO

NOTA DA PRIMEIRA EDIÇÃO

Na página anterior: Ônibus no corredor da Avenida Nove de Julho, em São Paulo, em 1995.
Arte sobre foto do Museu SPTrans dos Transportes.

Nota da primeira edição

O livro que você tem em mãos foi escrito antes da disseminação de um novo tipo de coronavírus, o SARS-CoV-2, causador da Covid-19. Em março de 2020 a Organização Mundial de Saúde (OMS) informou tratar-se de uma pandemia e políticas de distanciamento social foram decretadas em todo o planeta. Em algumas cidades e regiões, o transporte público chegou a ser suspenso, o que gerou uma crise de mobilidade e prejudicou trabalhadores de setores essenciais, incluindo profissionais de saúde. Em outras, houve redução da frota em circulação, o que levou à concentração de passageiros e agravou a possibilidade de contágio em massa.

Em outras ainda, o movimento foi contrário, com a ampliação da oferta de transporte público como estratégia para diminuir a lotação. O metrô de Copenhague, na Dinamarca, por exemplo, aumentou a quantidade de trens disponíveis em um primeiro momento e só depois, quando a demanda diminuiu em função das políticas de isolamento, ajustou e reduziu a frequência das linhas.

A pergunta fica, no entanto. Como defender e viabilizar redes de transporte público operando com folga? Em um contexto como o da maioria das cidades brasileiras, em que o equilíbrio financeiro depende do que é arrecadado nas catracas – o que torna a superlotação regra, não exceção –, é praticamente inviável pensar em manter ônibus e trens circulando sem que haja uma multidão se apertando nas plataformas, vagões e veículos. Mesmo em uma crise de saúde tão grave, gestores e empresários não conseguiram encontrar meios de viabilizar o equilíbrio do sistema sem as aglomerações cotidianas que se acostumaram a gerir.

Ainda que tenha sido escrito antes da chegada da Covid-19, o livro, publicado e lançado durante a crise, é mais atual do que nunca. Ao resgatar a história da Tarifa Zero em São Paulo, o livro apresenta uma alternativa concreta, viável e real para a reorganização do transporte público em um mundo em que não é mais possível ter gente circulando espremida como sardinhas em lata. O que, aliás, já deveria ser inaceitável, com ou sem coronavírus.

Por fim, cabe lembrar que a diminuição da circulação de automóveis durante a fase de distanciamento social serviu para reduzir a poluição e os índices de mortos e feridos no trânsito. Em São Paulo, a faixa escura cinza e amarronzada que cobre a cidade se dissipou e os paulistanos puderam ver de novo o céu azul, o horizonte e as estrelas. Quando a crise acabar, é hora de pensar em como substituir os congestionamentos de automóveis por redes de ônibus e trens em que as pessoas viajem confortáveis, com espaço e segurança.

É possível sonhar com uma nova ordem em que o transporte coletivo seja a prioridade e em que a vida seja valorizada – e a tarifa zero é o caminho para isso.

PREFÁCIO

Na página anterior: Garagem das oficinas do Complexo Santa Rita, em 1991.
Arte sobre foto do Museu SPTrans dos Transportes.

Povo 1, Tarifa 0

Juca Kfouri[1]

Quando recebi o pedido para prefaciar este livro pensei que houvesse um engano: "O que eu sei de tarifa zero?". Lembrava, é claro, da polêmica em torno do tema na gestão de Luiza Erundina, essa brasileira exemplar que transpira dignidade. Tarifa zero? Por que eu?

Eu, que tenho implicância com zeros, normalmente indicadores de jogos sem emoções!

Ledo engano.

Ao terminar a leitura, entendi.

Primeiramente porque seus autores foram capazes de transformar um assunto aparentemente árido em prosa fácil para leigos.

Depois porque, com tão grande preocupação de isenção, coisa rara em debates naturalmente envolvidos por visões de mundo diversas, as marchas e contramarchas, sem forçar a barra, são relatadas como se fosse um jogo, uma competição.

Por mais que soubesse de antemão que o povo perde no fim, o registro da disputa tem o caráter de manter viva a ideia de que, certamente, um dia prevalecerá ao derrotar o capitalismo selvagem que nos infelicita desde sempre.

---

[1] Juca Kfouri é jornalista.

O pensador francês Émile Durkheim dizia que sem utopia não se faz revolução e a ideia da Tarifa Zero é a ruptura necessária para o transporte público deixar de ser tratado como mercadoria, assim como deveria acontecer com a saúde e a educação.

Não é fácil implantá-la?

Ora, se fosse, teria sido instituída pela gestão de Erundina, quando, como se verá adiante, a ideia acabou nem indo à votação na Câmara dos Vereadores, torpedeada até por integrantes do Partido dos Trabalhadores (PT).

Como o livro demonstra, no entanto, muitas cidades pelo mundo afora já a adotaram e, pasme, deu certo. Como em Sydney, na Austrália, Manchester, na Inglaterra, Baltimore, nos Estados Unidos, e em... Maricá, no Rio de Janeiro. Sim, cidades bem menores que São Paulo, embora Sydney tenha 4 milhões e 600 mil habitantes. Há também uma cidade chinesa na lista, mas lá o regime é comunista e é bom não falar nisso para que Maricá não seja invadida pelos bolsominions.

Enfim, não quero mais tomar seu tempo porque as próximas páginas são daquelas que abrem cabeças para uma questão que andou hibernando, mas que está aí outra vez, batendo na porta, querendo subir nos ônibus e vagões.

Para que o placar fique Povo 1, Tarifa 0.

APRESENTAÇÃO

Ná página anterior: Ponto de ônibus na Estrada do Campo Limpo, em 1993.
Arte sobre foto do Museu SPTrans dos Transportes.

Uma luta contra a desigualdade

Chico Whitaker[1]

A ideia de escrever este livro nasceu há pouco mais de um ano em uma conversa minha com Lucio Gregori, ex-secretário municipal de Transportes de São Paulo. Ele esteve à frente da pasta durante o governo da prefeita Luiza Erundina (1989-1992), que propôs à Câmara Municipal de São Paulo o projeto de lei que previa a adoção da Tarifa Zero.

Buscávamos então as razões para a proposta ter sobrevivido, aparecendo hoje até em outros contextos, como o de cidades europeias. De onde viria sua força? A ideia ressurgiu em 2005 em manifestações populares em todo o Brasil e marcou os acontecimentos de 2013. As mobilizações culminaram em uma mudança na Constituição Federal, por iniciativa da ex-prefeita Luiza Erundina, então deputada federal. O transporte passou a ser formalmente reconhecido como um direito social, figurando a partir de 2015 no artigo 6º ao lado do direito à educação, à saúde, à alimentação, ao trabalho, à moradia, ao lazer, à segurança, à previdência social, à proteção à maternidade e à infância e à assistência aos desamparados.

[1] Chico Whitaker, arquiteto e ativista social, foi vereador e líder do governo na Câmara Municipal durante o mandato de Luiza Erundina (1989-1992).

Relembramos a resistência à aprovação de um fundo destinado a financiar a Tarifa Zero, o Fundo Municipal de Transporte (Fumtran), com um Imposto Predial e Territorial Urbano (IPTU) menos regressivo. Os obstáculos surgiram tanto na Câmara Municipal quanto no próprio partido da prefeita, o Partido dos Trabalhadores (PT), apesar da firmeza com que ela propôs e defendeu as mudanças.

Nossa conclusão foi a de que valeria a pena escrever um livro que tratasse tanto desses obstáculos como da concepção e da história da proposta, bem como de sua atualidade. Um texto que apresentasse a Tarifa Zero como chave para o direito de acesso da população à totalidade das cidades e, ao mesmo tempo, como parte de uma estratégia política para melhorar significativamente o transporte urbano de passageiros. Este livro poderia ser um convite para que outros prosseguissem a reflexão, ajudando quem estiver disposto a implantar a Tarifa Zero como um direito social.

Pensamos então em convidar para a empreitada José Jairo Varoli e Mauro Zilbovicius, as duas pessoas que mais auxiliaram Lucio Gregori em sua gestão. Assim como nós, ambos se entusiasmaram com a ideia. Contratamos, então, o jornalista Pedro Chaltein, um amigo, que nos ouviu sobre a experiência. Ele gravou muitas horas de depoimentos e organizou um texto com tudo o que lembramos. Ao ler o resultado, no entanto, concluímos que, mais do que reunir memórias até emocionantes, seria melhor analisar friamente o que aconteceu. Convidamos então Márcia Sandoval Gregori, arquiteta, urbanista e doutora em mobilidade urbana, a participar como coautora e redatora. Além de haver estudado o tema, ela acompanhou na época toda a discussão sobre a Tarifa Zero.

Depois de meses de trabalho, o resultado está nas páginas que seguem. O esforço incluiu entrevistas com outras pessoas que participaram dessa luta, incluindo a então prefeita Luiza Erundina. Analisar a enorme experiência de vida profissional, política e humana que vivemos há trinta anos permitiu-nos ver com mais clareza aspectos que apenas intuíamos na época. Pensamos no próprio significado da Tarifa Zero e tais reflexões, apresentadas na parte final do livro, parecem mais do que oportunas para os dias de hoje.

Para mim, essa rememoração também evidenciou como o parlamento pode ser uma máquina de triturar projetos e ideias, que terminam no panteão dos sonhos não realizados. E só serão reconsiderados se ressurgirem por sua própria força, como no caso da Tarifa Zero.

Designado líder do Governo Erundina na Câmara Municipal, constatei, preocupado, que minha primeira incumbência seria a de conseguir a aprovação de um projeto desafiador, que incluía mudanças no IPTU, tradicionalmente discutido todo final de ano sob grande tensão na Câmara Municipal. Como vereador em primeiro mandato, eu era inexperiente numa função que lida diretamente com o funcionamento do parlamento. Até então, ocupara-me com outras questões, seja como um dos relatores da nova Lei Orgânica do Município,[2] seja como o relator de uma tormentosa Comissão Parlamentar de Inquérito (CPI) sobre corrupção na Câmara Municipal.

Além disso, teria que conseguir a aprovação do projeto sem usar as tradicionais barganhas que em nossa cultura política são consideradas condição para a governabilidade. Eu mesmo não me disporia a fazê-las e a prefeita Erundina literalmente as proibia.

Debrucei-me sobre a proposta e comecei a perguntar tudo que podia aos seus autores. Percebi o avanço social que a Tarifa Zero representava. E passei a desejar intensamente que fosse aprovada. Redigi então, com muita ajuda, uma edição especial da série *Procurando Entender*, publicada pelo meu gabinete e citada neste livro. Com esses textos procurávamos ajudar a população a entender o que se discutia na Câmara Municipal.

A Tarifa Zero era uma ideia brilhante, nascida de mentes livres de hábitos de pensar que por vezes impedem que surjam soluções para problemas. Em uma democracia, contudo, para se tornar lei, toda política pública precisa ser aprovada pelo parlamento. Depende, portanto, de uma maioria de votos.

---

[2] A Lei Orgânica do Município é a lei mais importante do município e funciona como uma espécie de constituição municipal.

E era a própria concepção do transporte coletivo urbano que seria alterada. De simples prestação de serviço, passaria a ser considerado como atendimento a um direito essencial na cidade. Assim, apesar do entusiasmo dos que propunham a Tarifa Zero, o prazo foi muito exíguo para que uma maioria de vereadores assimilasse tamanha mudança. O primeiro dos dois projetos apresentados pelo Executivo para viabilizar a Tarifa Zero nem chegou a ser votado, como indicado no prefácio deste livro.

Na verdade, ainda que as decisões políticas não resultem necessariamente de uma análise racional de necessidades e possibilidades, uma iniciativa tão inovadora precisaria de mais tempo de tramitação. A data-limite para aprovação de projetos que alterem o IPTU na cidade é 31 de dezembro e os projetos da Tarifa Zero foram apresentados em setembro.

Um detalhe importante foi que, graças ao esforço de comunicação do governo, as condições estavam dadas para que as galerias da Câmara ficassem lotadas de apoiadores se o projeto fosse colocado em votação. No final de 1990, uma pesquisa[3] apontava que 76% da população estava de acordo com alterações no IPTU que viabilizariam a Tarifa Zero. Objetivamente, o Regimento Interno da Câmara não permitiu essa votação, como explicamos no livro.

[3] Pesquisa realizada pela Toledo e Associados.

Mas apresentamos também outro fato essencial. Ainda que o financiamento baseado no Fumtran não tenha sido aprovado, para sorte da população o debate gerado na Câmara abriu caminho para a aprovação de um segundo projeto enviado pelo Executivo, o da Municipalização dos transportes. Assim, em 1991, conquistamos a segunda das condições necessárias para implantar a Tarifa Zero.

Permito-me ainda trazer um último testemunho, mais pessoal, não registrado no livro. Naqueles idos, ao passarmos de carro por pontos de parada de ônibus lotados de usuários do transporte coletivo, obrigados a viver muitas horas de seus dias nesses pontos ou dentro dos ônibus, empurrados que foram para a periferia pelo processo de urbanização a serviço dos interesses do capital, Lucio nos disse: "Não é possível que não dê para diminuir o sofrimento de tanta gente".

Uma postura de esquerda não seria justamente essa capacidade de ver os outros como semelhantes e lutar contra a desigualdade social e contra as lógicas – econômicas, sociais e políticas – que impedem que todos usufruam plenamente dos direitos humanos?

Boa leitura.

INTRODUÇÃO

Na página anterior: Ponto de ônibus na Avenida Interlagos, em 1993.
Arte sobre foto do Museu SPTrans dos Transportes.

Introdução

Raros foram os momentos em que se fez possível pensar e colocar em prática políticas públicas que fossem tecnicamente viáveis e que, ao mesmo tempo, desequilibrassem de fato as estruturas de poder consolidadas durante séculos em âmbito social, político e econômico.

O projeto Tarifa Zero, desenvolvido e proposto em 1990 pelo Governo Luiza Erundina (1989-1992), surgiu em um desses raros momentos. Ele tornou real o dilema clássico da esquerda e da centro-esquerda,[1] em especial o impasse do PT no Brasil entre a transformação revolucionária radical do sistema de produção de valor e de dominação, e a tentativa de amenizar as diferenças, rupturas e contradições a ele inerentes por meio das chamadas reformas. Grande parte da energia produzida com a fundação do PT foi a tentativa de não fazer apenas reparações, que levam frequentemente a certa paralisia ou subserviência à ordem e, assim, ao florescimento de estruturas autorreferentes, conservadoras do sistema, em um ciclo vicioso aparentemente insolúvel.

[1] Esquerda aqui considerada como conjunto de pessoas interessadas em transformar o modo de produção e a apropriação da riqueza socialmente produzida, gente empenhada em trabalhar com as questões socioculturais existentes para se construir um mundo mais equilibrado e de sentido verdadeiramente coletivo. A centro-esquerda, por sua vez, seriam aquelas pessoas preocupadas em melhorar a qualidade de vida, as condições de trabalho da maioria da população e a distribuição da riqueza socialmente produzida, sem necessariamente transformar o modo de produção e a apropriação da riqueza.

Este livro pretende mostrar que o projeto Tarifa Zero representou – e continua representando –, entre outros aspectos, a possibilidade de construção de políticas públicas que superam o velho dilema entre revolução e reforma. Trata-se de uma proposta de transformação real, palpável, realizável, capaz de provocar a mudança radical das condições de vida na cidade e, paralelamente, provocar o tensionamento das amarras de violência simbólica impeditivas, no Brasil, de transformações que revolucionam o modo de vida. Trata-se, ainda, de motivar a compreensão – quase pedagógica – sobre o funcionamento real do Estado, seus limites e sua relação com a sociedade, grupos de interesse e poder.

Afinal, a Tarifa Zero é possível, mas alguém pagará pelo serviço, ou seja, o transporte público não será de graça. Mas quem se beneficia diretamente dos serviços de transporte deve ser o único financiador? A Tarifa Zero pôs as questões do transporte urbano além dos seus costumeiros limites. Alargou-se o horizonte da mobilidade urbana, da apropriação real e simbólica da cidade, da reforma tributária, da negociação e do enfrentamento com os poderes que não estão no Estado e podem ser mais fortes que ele. Chegou-se, portanto, à política, aos capitalistas do sistema, à mídia e aos interesses difusos da oposição a um governo que buscava saídas para a armadilha de sempre: ou cair na revolução inviável, ou realizar uma reforma como mais um elemento de ordem no cenário político brasileiro.

O governo de Luiza Erundina de Sousa na Prefeitura de São Paulo foi uma chance singular de se experimentar o espaço público por meio de uma política de transformação profunda, ainda que dentro dos marcos da ordem instituída. Tudo em uma perspectiva de invenção democrática de constituição social e participativa de direitos, muito afastada da definição neoliberal de democracia, que vê o Estado como empresa e o político como gestor.

Eleita em turno único em 1988 com cerca de um terço dos votos válidos do município, Erundina iniciou seu mandato em janeiro de 1989. Foi escolhida na convenção do PT a partir de candidatura independente, em disputa com Plínio de Arruda Sampaio, indicado pela cúpula partidária. Ela teve uma campanha simples que contou principalmente com apoio das bases do partido, recebendo, no período final das eleições, significativa migração de votos úteis de eleitores que viram na então deputada a possibilidade de derrotar Paulo Salim Maluf.

Apesar da modesta campanha, um dos pontos centrais de seu programa foi a melhoria dos transportes coletivos com modicidade tarifária.[2] A proposta tocava em uma questão historicamente problemática para os trabalhadores e para a

---

[2] Por princípio, os prestadores de serviços públicos devem praticar preços módicos, ou seja, de valor baixo e moderado. O princípio de modicidade tarifária é determinado pela Lei n. 8.987/1995, que dispõe sobre o regime de concessão e permissão da prestação de serviços públicos previsto no artigo 175 da Constituição Federal. A lei determina que "toda concessão ou permissão pressupõe a prestação de serviço adequado ao pleno atendimento dos usuários" e que "serviço adequado é o que satisfaz as condições de regularidade, continuidade, eficiência, segurança, atualidade, generalidade, cortesia na sua prestação e modicidade das tarifas".

população mais carente, que depende dos transportes públicos. E uma coisa era certa: a candidatura não seria apenas para fazer uma gestão bem-comportada ou uma administração competente e correta do dinheiro público, mas para ir além. A ideia era propor e tentar executar políticas sociais norteadas por um horizonte utópico de transformação profunda e estrutural que questionassem o funcionamento das engrenagens e colocassem em xeque sua articulação sistêmica e existência enquanto materialidades de um modo de produção excludente, produtor de pobreza, de miséria e de graves fraturas sociais.

A Tarifa Zero surgiu como uma das iniciativas que poderiam dar essa marca ousada para o governo e, ao mesmo tempo, mostrou-se viável do ponto de vista técnico, jurídico e financeiro. A proposta, simultaneamente, explicitava o quanto o que é estabelecido pelo nosso modo específico de produção no Brasil é refratário a qualquer mudança estrutural a favor da maioria da população, por mais racional e praticável que seja. Em outras palavras, a Tarifa Zero escancarou os limites políticos efetivos desse sistema produtivo.

Hoje a questão da gratuidade nos transportes coletivos está colocada em muitos países, ainda que por diversas vias de entendimento. Há, por exemplo, a proposta baseada na preocupação com a poluição ambiental resultante do uso do transporte individual motorizado, caso de cidades da Alemanha e da França, incluindo Berlim e Paris. Há experiências variadas em várias cidades do mundo, inclusive no Brasil.

É com base em um exemplo concreto, vivido com intensidade pelos autores nos anos 1990, que aqui pretendemos estimular a reflexão sobre a necessidade e a possibilidade de se propor políticas sociais maiúsculas no Brasil dentro das regras do jogo da democracia capitalista. Quando apresentadas, ou se concretizam e, portanto, transformam, ou escancaram os efetivos contornos da ordem estabelecida.

A história da Tarifa Zero mostra que o desejo político de práticas transformadoras, as discussões e as análises acumuladas no trabalho de grupos de estudo e militância, em conjunto com o encontro com personalidades independentes, apartadas de corpos técnicos específicos e de rígidos processos partidários, viabilizaram a elaboração de uma proposta revolucionária cujo desdobramento extravasa os transportes. O projeto abriu caminho para a aprovação e implantação do sistema que se convencionou chamar Municipalização, como adiante será mostrado. O novo sistema permitiu uma profunda melhora do transporte público por ônibus em São Paulo, que, no Governo Erundina, conheceu o inferno e o céu. A pior avaliação do sistema por parte da população deu lugar, com a nova forma de contratação, à melhor avaliação em toda a história da cidade. Sem o projeto Tarifa Zero, a Municipalização não seria possível. Foi buscando o impossível que se chegou à maior mudança efetiva e possível que pode ser e deve ser implementada nas cidades do Brasil e do mundo – como a experiência internacional tem demonstrado.

Nos anos 1990, ficou evidente a impossibilidade de implantação da Tarifa Zero, diante do abalo que causava em estruturas e convicções profundamente arraigadas na ordem social vigente, chacoalhando práticas cotidianas amalgamadas por relações e imaginários sedimentados ao longo de séculos de história do capital em São Paulo e no Brasil. Conhecer e refletir sobre o processo de concepção e de luta política engendrada na Tarifa Zero é pensar tanto sobre questões atualíssimas a respeito do transporte e da mobilidade urbana quanto sobre questões de estratégia e de política em outras áreas de políticas públicas e do Estado e, por fim, sobre estratégia de transformação da sociedade a partir do enfrentamento de obstáculos políticos profundos com a quase surpreendente arma da mudança que pode ser real e possível. Sem uma disputa política com propostas muito concretas e que pressionem a ordem estabelecida, conforme se disse, corre-se o risco de perpetuação ou reprodução periódica de (des)governos, como o de 2019.

Lucio Gregori, Chico Whitaker, José Jairo Varoli e Mauro Zilbovicius foram personagens centrais na história do projeto. Eles protagonizaram a concepção, articulação jurídica e política com vereadores, militantes e população em geral. Alguns deles ainda tiveram papel fundamental na retomada da ideia do passe livre universal no início dos anos 2000. A bandeira recentemente recuperada atesta a atualidade da Tarifa Zero enquanto discussão política que ultrapassa a questão dos transportes para chegar ao debate sobre o direito à cidade, políticas tributárias, justiça social e papel do Estado na luta contra a desigualdade, conforme previsto na Constituição brasileira. Mais ainda, ela aponta uma forma de lidar com as fronteiras dadas para as políticas públicas na sociedade capitalista, indicando os próprios limites dessa organização sociopolítica e econômica.

O resgate da causa pelo Movimento Passe Livre (MPL) a partir de 2005 revela a robustez política e simbólica do tema. E os acontecimentos de 2013 mostraram, mais uma vez em nossa história, o potencial explosivo de questões como a das tarifas nos transportes coletivos. Não foi a primeira vez que o reajuste das tarifas dos transportes coletivos deu origem a graves problemas políticos. Para citar apenas três exemplos, vejam-se a Reforma do Vintém no Rio de Janeiro (1879) e o quebra-quebra em São Paulo em 1947, que resultou na demissão do prefeito nomeado, Cristiano Stockler das Neves, e agora em 2019 a revolta que sacudiu o Chile e que teve início com o aumento das passagens de metrô de Santiago. Sua capacidade transformadora culminou, em 2015, na aprovação do transporte como direito social nos termos do artigo 6º da Constituição Federal. Abriu-se então uma nova frente de luta para sua regulamentação que pode levar, dependendo de muito empenho, os transportes coletivos urbanos a algo como um direito de fato, tal como a saúde.

Não é fácil politizar as questões sociais no Brasil. Escamoteado pelo desejo de cordialidade que abafa e ameniza contradições e disputas, esse exercício pedagógico fundamental mais do que nunca se faz necessário. É preciso fazer ver desigualdades, divergências, aspirações e discrepâncias a fim de enfrentá-las. É preciso, sobretudo, se desvencilhar dos preconceitos que o espírito de época nos impõe, impeditivos do pensamento livre, arrojado e verdadeiramente insurgente que traga em si o potencial transformador e levante questionamentos essenciais.

A luta, pois, continua.

DE REPENTE, GOVERNO

Na página anterior: Primeiras fotos da recém-eleita prefeita de São Paulo Luiza Erundina (PT) em sua mesa logo após a cerimônia de posse, em 1º de janeiro de 1989.
Arte sobre foto de Claudio Freitas/Folhapress.

De repente, governo

Desafios de ser governo de esquerda

Iniciava-se 1989. Em 1º de janeiro, no Parque do Ibirapuera, em edifício projetado por Oscar Niemeyer, ícone da arquitetura moderna brasileira, assumia a cadeira de prefeita de São Paulo a assistente social Luiza Erundina de Sousa. Ex-vereadora, deputada estadual, paraibana e filiada ao PT, Erundina foi a primeira mulher a administrar a Prefeitura da maior cidade do país e uma das maiores do mundo.

A chamada transição democrática teve início em 1982, com eleições diretas para governadores, e avançou em 1985 e 1988 com a volta das eleições diretas para prefeitos nas capitais e cidades antes consideradas de segurança nacional, que não podiam eleger prefeitos. A transição culminou nas tão desejadas eleições diretas para presidente da República, que aconteceram em dois turnos, o primeiro em 15 de novembro e o segundo em 17 de dezembro de 1989.

No ano anterior, os resultados para o Congresso Nacional e prefeituras mostraram que havia espaço para os movimentos populares progressistas mobilizados. O país, fantasiosamente pacífico, na realidade possuía fraturas sociais profundas, nunca admitidas e muito menos enfrentadas, como se viu tanto em escala mais local, nas eleições municipais de 1988, quanto em escala federal. A violência foi explícita no segundo turno da disputa presidencial de 1989, no qual concorreram o operário pernambucano radicado em São Bernardo, Luiz Inácio Lula da Silva, e o representante da burguesia, o ex-governador de Alagoas, Fernando Collor de Mello.

Erundina venceu as eleições de 1988 em um *sprint* final, em campanha de poucos recursos. Entre outros fatores, graças a uma militância aguerrida que trabalhou intensamente nas periferias mais pobres, à desistência de Airton Soares (PDT), que a apoiou, e ao voto útil de muitos eleitores insatisfeitos com as políticas públicas de até então, transferido para a candidata com o objetivo de derrotar o ex-prefeito Paulo Salim Maluf. Um dos elementos que contribuíram significativamente para essa conjuntura foi a repressão à greve da Companhia Siderúrgica Nacional (CSN), em Volta Redonda, em 9 de novembro de 1988 – apenas seis dias antes do pleito –, em que o Exército e a Polícia Militar mataram três operários. A eleição, até então ainda em turno único, foi conquistada com cerca de 270 mil votos de diferença para Maluf, o segundo colocado. Embora contasse com a maior bancada da Câmara Municipal, formada por 18 vereadores da coligação PT/PCdoB/PCB, entre os 53 eleitos, seu governo estava em minoria e dependia de ampla e cuidadosa negociação para aprovação de propostas, frequentemente barradas pela oposição.

Ao assumir o cargo, a prefeita estava em uma situação complexa. Ao mesmo tempo em que vinha de raízes profundas nos movimentos sociais e tinha o apoio popular, contava com enorme desconfiança e forte oposição, inclusive dentro de seu partido.

Erundina foi eleita candidata nas prévias do PT, em disputa com o deputado federal Plínio de Arruda Sampaio, apoiado pela direção petista. Além de fundadora do partido, ela era sobretudo uma figura de atuação de base, estando mais alheia aos jogos de poder da direção. Por personalidade e por sua trajetória política e de vida, estava aberta aos movimentos e assessores que com ela trabalhavam, sem distinção de cargo ou de fama. No seu secretariado, ao lado de figuras de renome como Paulo Freire, Paul Singer, Marilena Chaui, Ermínia Maricato e Juarez Soares, encontravam-se outros menos ilustres, mas com vínculo partidário e militância histórica, os quais ouvia com tanta disposição quanto os mais renomados.

O governo de Luiza Erundina destacou-se por conduzir de maneira invulgar algumas questões, como as surgidas de preconceitos contra seu governo ou as relacionadas à necessidade de ter que lidar e interagir com habilidade e civilidade com entidades que simbolizavam a repressão, como a polícia. Erundina enfrentou preconceitos não só por ter sido a primeira mulher a assumir a Prefeitura de São Paulo, mas também por ser nordestina, pobre e filha de camponeses sem-terra.

Uma forte característica do mandato foi o desenvolvimento de iniciativas totalmente inovadoras ou apoiadas em projetos de prefeituras anteriores ou de fora do país, que contavam com a participação popular e buscavam a emancipação da população mais carente. Segundo Marilena Chaui, na gestão de Erundina as formas organizadas da sociedade se consideravam não demandantes, mas participantes, proponentes do que se deveria fazer.

Foram nessa direção, para citar apenas alguns poucos projetos estelares: o Orçamento Participativo; o Programa Mova (de Alfabetização de Jovens e Adultos), da Secretaria Municipal de Educação, que tinha o claro objetivo político de tornar-se um movimento organizado e autônomo da sociedade civil para combate ao analfabetismo e fornecimento de instrumentos para uma análise crítica dos acontecimentos do mundo; o Programa de Construção por Mutirão e Autogestão, da Secretaria Municipal de Habitação, que chegou a criar fábricas de blocos e envolvia equipes técnicas contratadas e comunidade organizada em projetos geridos e executados pelos futuros moradores nos quais, sem a questão do lucro envolvida, conquistavam-se qualidade e quantidade, além do fortalecimento de vínculos comunitários; a Municipalização da Saúde, com a criação dos Conselhos Gestores, que permitiram a participação popular no sistema de saúde melhorando qualitativamente o serviço da Prefeitura; e as Casas de Cultura, garantidas e sustentadas pela Prefeitura, mas concebidas, organizadas e administradas por moradores locais. Além disso, criaram-se os serviços públicos móveis em ônibus, como os ônibus-biblioteca, em que era o serviço municipal que se deslocava até o usuário e não o contrário.

Foi na gestão de Luiza Erundina, em setembro de 1990, que se descobriu no Cemitério Dom Bosco, em Perus, uma vala clandestina na qual foram encontradas mais de mil ossadas de pessoas enterradas como indigentes ou com nomes falsos. Dentre elas, mais de uma dezena era de desaparecidos políticos dos anos 1970 e as demais eram de vítimas de violência e de tortura. Perus notabilizou-se como um marco na discussão e investigação dos crimes de Estado cometidos durante a ditadura, um debate historicamente silenciado. Criou-se a Comissão Especial de Investigação e Acompanhamento das Ossadas Humanas de Perus e afirmou-se a busca pela verdade e por justiça.

Sobrelevou-se, ainda, a discussão sobre a desapropriação da mansão Matarazzo na Avenida Paulista para sediar o Museu do Trabalhador, proposta de Marilena Chaui, secretária municipal de Cultura. A ideia deu margem a enorme debate na mídia, com valorização do discurso contrário, enfatizando que o novo uso deformaria um ícone da história paulistana. Parcialmente destruída na época, com episódios de bombas ilegais detonadas à noite no porão do imóvel, hoje nada resta da mansão, que foi completamente demolida. Há no terreno uma alta torre com um shopping que não guarda qualquer relação com o significado histórico do local. Nem o nome Matarazzo ficou como memória.

O Autódromo de Interlagos também teve condução relevante. O Brasil estava em vias de perder o Grande Prêmio de Fórmula 1 após um grave acidente em Jacarepaguá. Piero Gancia, ex-piloto, entrou em contato com Erundina para sugerir que ela levasse o evento novamente para São Paulo. Ao lado havia uma comunidade grande, a Favela do Autódromo, e Luiza ficou em dúvida, porque o terreno poderia ser utilizado para a construção de casas populares. Mas achou que os recursos advindos da corrida seriam mais vantajosos para a cidade, enquanto as casas poderiam ser construídas em outro local.

A contrapartida pleiteada pela prefeita foi a construção de uma escola de capacitação em mecânica para moças e rapazes. A escola funcionou por mais de vinte anos e formou cerca de 3 mil alunas e alunos, alguns dos quais trabalharam inclusive no Japão. Por volta de 2013, alegando falta de recursos, a Prefeitura fechou o centro de capacitação e no terreno foi construída uma arquibancada VIP para poucos privilegiados poderem assistir ao Grande Prêmio. Foi uma enorme frustração para a ex-prefeita.

Foi no Governo Democrático de Luiza Erundina que se transferiu a sede da Prefeitura do Parque do Ibirapuera, um local projetado para outro uso, longe do centro da cidade e de difícil acesso, para o Palácio das Indústrias, no Parque

Um governo de um partido revolucionário
deveria pensar em projetos arrojados, viáveis, porque
solucionáveis tecnicamente, e, no entanto, inviáveis dentro dos
marcos de nossa sociedade capitalista e atrasada,
porque colocavam a nu o conflito de distribuição de renda,
do papel do Estado, da produção do espaço urbano
e tantas outras limitações do sistema.

Dom Pedro, próximo à Praça da Sé, reformado de acordo com projeto de Lina Bo Bardi. Também em seu governo construiu-se e foi inaugurado o Sambódromo.

É preciso reconhecer que a vitória eleitoral em São Paulo não era esperada, nem pela sociedade, nem pelo próprio Partido dos Trabalhadores. Tendo vencido também as eleições em outras capitais, como Porto Alegre (Olívio Dutra) e Vitória (Vitor Buaiz), em municípios importantes como Santos (Telma de Souza), Campinas (Jacó Bittar) e outros pequenos e médios, o PT não tinha claro um programa de governo para as cidades. Além disso, o partido vivia, desde a fundação em 1980, a experiência de ser uma formação de esquerda que buscava crescer por fora – atuando principalmente nos movimentos sociais e na estrutura das comunidades de base da Igreja Católica – e, ao mesmo tempo, por dentro das estruturas de poder. Estas, recentemente estabelecidas na Constituição

Federal promulgada em outubro de 1988, pouco mais de um mês antes daquelas eleições.

A respeito dessa dualidade entre atuar dentro e fora, destaque-se, como afirma Luiza Erundina, que os tempos do partido e do governo são muito distintos. Enquanto o partido lida com desejos futuros, o governo deve dar respostas concretas e quase imediatas. Além do mais, o governo é de toda a população, e, ainda que faça uma gestão com princípios populares, deve conversar e considerar os interesses e conflitos presentes para poder negociar, pressionar e conquistar os avanços que considera fundamentais.

O PT, assim, era novo em relação à esquerda clássica no Brasil, crescendo como partido de massas, como se dizia à época, e também revolucionário, como se esperava de um partido de esquerda, ainda que sem vínculos com a defesa do então regime soviético.

A oportunidade de governar parte relevante do Estado no Brasil, como a Prefeitura da maior cidade do país, acelerou o dilema das tradições revolucionárias e a necessidade premente de modificar para muito melhor as condições de vida dos trabalhadores. Portanto, um governo de um partido autodenominado *revolucionário* deveria pensar em projetos arrojados, viáveis, porque solucionáveis tecnicamente, e, no entanto, inviáveis dentro dos marcos de nossa sociedade capitalista e atrasada, porque colocavam a nu o conflito de distribuição de renda, do papel do Estado, da produção do espaço urbano e tantas outras limitações do sistema. Foi o caso da Tarifa Zero, como se verá adiante.

Como na época ressaltava Zilbovicius em conversas com os amigos, o governo do PT deveria deixar claro para a sociedade que iria projetar e desenvolver ações que só ele poderia fazer, ou seja, que poderiam, por um lado, efetivamente melhorar as condições dos trabalhadores e dos mais pobres e, por outro, contribuir para tensionar o arranjo político que fortalecia as forças que amarravam – como até hoje amarram – o desenvolvimento do país. Se tal não fizesse, as classes dominantes perceberiam que o partido daria um excelente gestor do Estado e das tensões sociais, honesto, portanto ideal para os interesses da própria classe dominante. De qualquer modo, a oposição entre revolução e reforma – esta última historicamente conhecida como social-democracia – sempre perseguiu o PT e os setores mais à esquerda.

De certa maneira, o Partido dos Trabalhadores era o partido que poderia ser social-democrata – nos termos da social-democracia europeia –, mas não queria ser, ao passo que o Partido da Social Democracia Brasileira (PSDB) efetivamente almejava ser esse partido, mas não era capaz, dadas as diferentes origens e inserções sociais de cada um de seus membros. Tratava-se, para o PT, tanto quanto se trata hoje, de como promover a revolução nos marcos da transformação dentro da ordem, a partir de projetos estruturantes da mudança que tivessem um espírito revolucionário, levando o movimento a procurar sempre mais, mas que, ao mesmo tempo, fossem factíveis dentro da estrutura de poder vigente. A revolução dentro da reforma, por assim dizer.

Logo no início de sua gestão, Erundina enfrentou um entrave com a Caixa Econômica Federal. Seu antecessor na Prefeitura, Jânio Quadros, havia deixado uma enorme dívida com o banco federal que deveria ser quitada no primeiro mês do novo mandato. O montante era tão grande que tomava parte significativa da receita municipal. Tratava-se de uma bomba-relógio, prestes a explodir no colo da nova prefeita, que procurou várias vezes, em vão, entrar em contato com o presidente da Caixa via telefone e telegrama para renegociar a dívida e não quebrar o município.

Apesar de governar a mais populosa e economicamente mais importante cidade do país, percebeu-se que Erundina não seria atendida nem receberia qualquer retorno por parte do banco se fizesse a abordagem apenas por via oficial. Contando com o enorme cacife popular que a elegeu e a prática política de participação popular que conhecia bem, decidiu utilizar a tática da manifestação de rua. Prefeita, secretariado, alto escalão de governo e movimentos sociais postaram-se diante da sede do banco na Avenida Paulista com megafones e cartazes. Dali só sairiam após o recebimento de um telegrama com convite para uma reunião do executivo do banco com a prefeita na qual foi possível renegociar o prazo para o pagamento da dívida.

Era preciso articular ao mesmo tempo a política por dentro da regra institucional (aqui representada pela reunião com a Caixa) e por fora (a pressão popular). Assim compreendiam a prefeita e grande parte de sua equipe. Esta era uma concepção de esquerda que foi sendo pouco a pouco abandonada pelo PT – como se observa na Carta ao Povo Brasileiro, assinada por Luiz Inácio Lula da Silva em junho de 2002 –, restando apenas o encaminhamento interno à ordem que se viu em anos recentes e que se denominou governabilidade. Em suma, uma ação desmobilizadora e socialmente alienante que redunda em troca de favores, cargos, financiamentos de campanha e no afastamento cada vez maior da esfera política da vida do cidadão comum. Ou seja, pode haver alguns avanços sociais, mas a um preço político e de cultura política altíssimo.

É o que se observa na divulgação dos feitos dos governos federais petistas, indiscutivelmente muitos. O partido centrou sua difusão e campanhas eleitorais depois de 2003 em alguns projetos em detrimento de outros. Quem não conhece o Bolsa Família, o Programa de Aceleração do Crescimento (PAC) ou o Minha Casa Minha Vida, só para citar alguns? Por outro lado, a Secretaria de Economia Solidária, idealizada por Paul Singer em seu livro *Introdução*

Carnaval

O primeiro Carnaval organizado pela equipe de Erundina aconteceu em fevereiro de 1989. Paulo Itacarambi, engenheiro e diretor do Anhembi, órgão responsável pelo evento paulistano, conta que 34 dias antes do Carnaval não havia dinheiro e era preciso implantar uma imensa infraestrutura na Avenida Tiradentes para abrigar os desfiles.

A saída foi envolver o pessoal das escolas de samba e do movimento negro no processo para conseguir realizar o que fosse necessário. Mas havia um problema crucial: os representantes das escolas afirmavam que todo ano, sistematicamente, muitos de seus integrantes apanhavam da polícia na avenida para entrar no sambódromo ou por qualquer motivo. Ao final da folia de 1989, ao contrário, disseram que "o Carnaval foi nosso, foi do negrão".

Para Itacarambi, o feito resultou de uma grande ousadia. Logo no início da organização do Carnaval, militantes do movimento negro e organizadores das escolas de samba disseram que o problema era que a segurança do evento, feita por "brutamontes contratados em qualquer lugar", começava a criar caso, daí a polícia vinha e batia. Pediram que o Anhembi não contratasse mais esses "jagunços" e Itacarambi decidiu aceitar o pedido e encontrar outra saída. Inicialmente pensou em fazer a segurança com a Guarda Municipal, mas a ideia não foi aceita pelo secretário estadual de Segurança Pública, Luiz Antônio Fleury Filho, que seria responsável por fazer a segurança do lado de fora do sambódromo. Acompanhado pelo Alto Comando da Polícia Militar na reunião com o Anhembi, Fleury preferia se responsabilizar por toda a segurança. Itacarambi aceitou a proposta, com a condição de que ele próprio, Itacarambi, como representante do governo municipal, fosse o responsável pelo comando geral, o que foi aceito por Fleury e seus comandantes.

Destacou-se um comandante da PM para participar do comitê criado por Itacarambi no qual também estavam Prefeitura e movimento negro. Tudo foi discutido ali. Um dia antes do Carnaval, a polícia mobilizou todos os policiais disponíveis, cerca de 2.200 homens, e Itacarambi deu a orientação final aos policiais. Disse que esperava respeito a todos os cidadãos, sem exceção, e que não houvesse violência. O resultado disso seria de todos, compartilhado por todos que estavam participando do processo. O desfecho da ousadia foi que não houve violência por parte da polícia.

à economia solidária, não teve a mesma exposição. Isso apesar de ter sido parte do Ministério do Trabalho e Emprego e liderada pelo próprio Singer. A economia solidária tem como princípio, em oposição à máxima da competição capitalista, a solidariedade, um modo de produção caracterizado pela igualdade de direitos, de decisões e da posse coletiva e igualitária. Seus empreendimentos são cooperativas geridas pelos próprios trabalhadores de maneira democrática nas quais cada associado possui um voto com valor exatamente igual ao dos demais. Um projeto de mesma essência que a Tarifa Zero, capaz de apontar para a revolução dentro da ordem e, talvez por isso mesmo, menos celebrado.

O Governo Erundina, por outro lado, esteve sempre dirigido a buscar, ao lado da transformação concreta da realidade articulada com a participação dos cidadãos, uma pedagogia do poder, voltada à construção de uma consciência de que os limites são aqueles impostos pela elite no poder no Brasil, particularmente em São Paulo. Os resultados são reais: ônibus, mutirão, cultura, escola, autódromo, sambódromo, córrego canalizado, cinco hospitais, urbanização do Anhangabaú, orçamento participativo, coleta seletiva, entre outros exemplos.

O processo mostrou-se uma síntese de um trabalho coletivo, mais um exemplo de política feita por dentro e por fora, ou seja, de política substantiva. Uma expressão da prática da gestão de Luiza Erundina de Sousa e de seus secretários entre

1989 e 1992, possibilitada pelo descolamento de grande parte da equipe das amarras e contenções da oficialidade partidária e, ao mesmo tempo, do profundo compromisso com mudanças estruturais, desejos populares e com a melhoria das condições de vida e cidadania da maioria mais carente da população.

Para a ex-prefeita, a marca de seu governo não deve ser contada pelas realizações, embora muito tenha sido feito então. Muito menos pelo traço da honestidade do seu governo, que ela sempre lembra ser condição básica, não realização ou mérito. O que contou foi a mudança da cultura política, juntamente com a busca pela igualdade, reconhecendo o fosso entre a maioria e a minoria, sem ódio e sem perseguição. Como pressuposto, não se cogitava, para qualquer membro da equipe, negociar vantagens pessoais. Nesse sentido, os princípios de governo foram honrados por seus integrantes e, nos raríssimos casos de sua não observância comprovada, os responsáveis por essa quebra de conduta foram imediatamente demitidos.

O entendimento da vivência de governo como política de efetiva transformação social é o que ela guarda como acervo mais importante. Mas isso não foi suficiente. As forças do atraso político, social e econômico elegeram Maluf como seu sucessor.

Aprendeu-se a conviver com o contraditório ao longo dos quatro anos de mandato e ali se compreenderam os limites e possibilidades de criar o novo no que era de fato importante, com ousadia e, sem dúvida alguma, com a participação popular, fundamental naquele momento de oposição majoritária. Dentro dos eixos estruturantes do governo, havia transversalidade nas políticas encaminhadas. Nos transportes, a ação foi marcante e a Tarifa Zero, como uma ideia que fazia sentido no seu tempo, independentemente das condições políticas de sua realização, se desdobrou em movimentos e desejos. Era, portanto, natural que ressurgisse com força anos depois.

Na Secretaria de Serviços e Obras, a inspiração que veio do lixo

No mesmo dia da posse da prefeita, em um edifício próximo ao simbólico Córrego do Ipiranga, que já não tem mais margens plácidas, no qual se destacavam a enorme chaminé de um incinerador que operava calcinando lixo hospitalar e o odor de resíduos em decomposição devido à movimentação de materiais dos caminhões de coleta para os gigantescos caminhões de transbordo, deu-se uma modesta cerimônia de posse na Secretaria de Serviços e Obras (SSO). Logo após o ato, o secretário responsável pela pasta, Lucio Gregori, e seu chefe da Assessoria Técnica, Mauro Zilbovicius, subiam as escadas do edifício em direção ao gabinete enquanto discutiam a pauta de uma reunião para definir os rumos básicos do órgão. Naquele primeiro dia, a equipe ainda estava reduzida ao secretário, o assessor técnico e o chefe de gabinete, Celso Fontana.

Mal haviam chegado ao patamar intermediário quando foram interrompidos por um funcionário de carreira para informá-los que a Desenvolvimento Rodoviário S.A. (Dersa), empresa do Governo do Estado de São Paulo, não mais permitiria o acesso dos caminhões de transbordo de lixo via Estrada Dona Chica até o Aterro Bandeirantes, em Perus, único aterro sanitário ativo do município na época. O local acomodava mais de 80% do lixo da cidade e, se as 12 mil toneladas de lixo geradas então diariamente pelos paulistanos não pudessem ser descarregadas lá, era de se imaginar a situação caótica que sobreviria e o bombardeio que a Prefeitura sofreria por parte da imprensa, com acusações de inépcia e incompetência.

Ali, sem ao menos conseguir subir toda a escada, logo no primeiro dia de mandato, ficou claro que governar o maior município da América do Sul não seria fácil, sobretudo para um governo do PT. Mas a adversidade estimulava ainda mais a vontade e a disposição de pôr em prática o que tanto se desejava na teoria. Aquilo que fora discutido em anos de militância estudantil e partidária finalmente tornou-se possível por meio da inaudita conquista eleitoral. A certeza era a de que esse fazer deveria ser criativo, transgressor e político, muito além de uma gestão bem-comportada, mas deveria manter em ordem as contas municipais. Ou seja, teria de ser uma gestão social e participativa, mas também técnica e financeiramente viável, além de absoluta e indiscutivelmente ética.

A SSO não era uma unidade considerada importante, ao contrário de outras com grande visibilidade, e por isso não rendia tantas imagens na mídia como a Secretaria Municipal de Transportes (SMT), eterno telhado de vidro das administrações municipais. Por outro lado, a discreta secretaria lidava com atividades fundamentais para o funcionamento da cidade, como o destino final do lixo coletado, a elaboração e realização das concorrências para o serviço de coleta do lixo, todos os projetos e contratações de edificações públicas na cidade (escolas, creches, hospitais, postos de saúde, bibliotecas, centros culturais etc.) e a administração de todos os parques municipais; ela ainda respondia pelo Serviço Funerário, autarquia municipal. Com tamanha responsabilidade, poderia facilmente tornar-se alvo de críticas, causando estragos na credibilidade da Prefeitura e na figura de Erundina.

A indicação de Lucio Gregori para o cargo, cujo nome foi sugerido pelo vereador eleito Adriano Diogo, era conveniente porque atendia às demandas técnica e política, enquanto engenheiro e filiado ao PT.

Para encaminhar as políticas da SSO, o chefe da pasta propôs a formação de um corpo de membros da direção, chamado de Coletivo por seus integrantes. O grupo se reunia semanalmente e discutia diretrizes para a secretaria e políticas a serem implementadas, além de problemas que os departamentos e autarquias pudessem estar enfrentando. Essa reunião semanal era um momento criativo, em que projetos mais ousados e arrojados podiam ser pensados e debatidos, pois a pressão do fazer cotidiano e burocrático da secretaria frequentemente levava a equipe a fazer mais do mesmo enquanto buscava outros rumos. As reuniões ajudaram a criar um forte vínculo entre os membros da equipe, culminando, dois anos depois, na SMT, no projeto de vanguarda da Tarifa Zero, marca do Governo Erundina.

Os trâmites burocráticos para o comissionamento de José Jairo Varoli foram demorados e dependeram inclusive de contato direto da prefeita com o governador Orestes Quércia para sua liberação, visto que o secretário estadual da Administração do governo e contemporâneo de Gregori na Escola Politécnica da USP não concedera a transferência. Varoli ocupou a direção do Departamento de Limpeza Urbana (Limpurb) e mais tarde seguiu para a direção do Departamento de Edificações (Edif), após a saída de Mayumi Souza Lima, que foi dirigir a empresa de pré-moldados da Empresa Municipal de Urbanização (Emurb), fechada logo no início do governo Maluf, em 1993. Em 1990, tornou-se diretor de gestão da Companhia Municipal de Transportes Coletivos (CMTC), sob a presidência do economista Paulo Sandroni, e foi personagem crucial tanto na concepção da Tarifa Zero quanto na implantação da Municipalização do serviço de ônibus em 1991. No ano seguinte, tornou-se presidente da Companhia de Engenharia de Tráfego (CET).

Engenheiro civil sem maior militância política, mas com forte experiência na área de construção civil, Paulo Ganc

A Secretaria de Serviços e Obras

Em 1989, a estrutura da SSO era formada pelo secretário e seu chefe de gabinete; três assessorias, uma técnica, uma jurídica e uma financeira; três diretorias, o Departamento de Limpeza Urbana (Limpurb), o Departamento de Edificações (Edif) e o Departamento de Parques e Áreas Verdes (Depave); e uma autarquia, o Serviço Funerário. O advogado Celso Fontana[1] foi nomeado para a chefia do gabinete, Mauro Zilbovicius ficou como chefe da Assessoria Técnica e o administrador Luiz Niemeyer[2] tornou-se chefe da Assessoria Econômica e Financeira. A Assessoria Jurídica ficou a cargo de uma procuradora municipal de carreira, que já ocupava o cargo, e posteriormente seria ocupada por Izilda Bichara Alves Cordaro, também procuradora municipal. Ela não apenas apoiou como teve participação importante na adequação legal do projeto da Tarifa Zero em 1990, como chefe de gabinete do secretário dos Transportes. Na Limpurb, designou-se o engenheiro Paulo Ganc,[3] e, no Depave, Ivone Macedo Arantes,[4] indicada por membros de uma das tendências do partido. Mayumi Watanabe de Souza Lima, arquiteta, urbanista[5] e militante ativa no PT, conhecia o secretário desde os tempos de Empresa Municipal de Urbanização (Emurb) e da Empresa Paulista de Plantejamento (Emplasa), e assumiria meses mais tarde a Edif, após a liberação de seu comissionamento. Ela foi docente do Instituto de Arquitetura e Urbanismo da Universidade de São Paulo (IAU/USP) de 1987 a 1994, quando faleceu. A mesma demora do comissionamento aconteceria com o economista José Jairo Varoli,[6] funcionário da Companhia de Saneamento Básico do Estado de São Paulo (Sabesp) que chegou à SSO apenas em maio de 1989.

[1] Formado pela Faculdade de Direito da Universidade de São Paulo.

[2] Bacharel em Administração de Empresas pela Fundação Getulio Vargas – SP.

[3] Graduado na Faculdade de Engenharia da Universidade Presbiteriana Mackenzie.

[4] Arquiteta e urbanista pela Faculdade de Arquitetura e Urbanismo da Universidade Presbiteriana Mackenzie.

[5] Formada pela Faculdade de Arquitetura e Urbanismo da Universidade de São Paulo.

[6] Formado pela Faculdade de Economia da Pontifícia Universidade Católica de São Paulo.

chefiava a Limpurb quando se deu a primeira baixa da equipe de governo de Erundina: o afastamento do superintendente do Serviço Funerário. A falta de quadros – e o tradicional apetite da velha política – dificultava muito a substituição, mas Ganc acabou por aceitar o cargo e, depois de período de acúmulo de funções, passou para Varoli o Departamento de Limpeza Urbana.

No Serviço Funerário, Ganc alterou a especificação da madeira usada na fábrica de caixões funerários da Prefeitura, ainda madeira de boa qualidade, mas não tão cara como a até então utilizada. Por ter mexido com interesses de há muito tempo estabelecidos, aconteceu de repentinamente, durante enterros, os fundos de muitos caixões começarem a se romper, num espetáculo macabro. Uma averiguação mostrou a intencionalidade dessa aparente falha. Mais um exemplo de que mudar as coisas estruturalmente mexendo em benefícios consolidados encontra enormes resistências.

A Limpurb tinha um quadro de fiscais que deviam impedir, entre outras coisas, a distribuição de panfletos de propaganda de lançamentos imobiliários nas ruas e cruzamentos da cidade, atividade tipicamente afetada por corrupção por parte das incorporadoras ou de seus prepostos. O posto foi ocupado por um nome indicado pelo Diretório Municipal do PT, mas, logo após a nomeação, houve denúncias contra o funcionário. Depois de comprovados achaques por parte do acusado, foi afastado e julgado no PT. O episódio ajudou a estigmatizar ainda mais Luiza Erundina e os membros da SSO dentro do partido, que entendeu que o afastamento configuraria uma perseguição. Por outro lado, sinalizou que aquele governo não compactuaria com nenhum deslize ético. Não era uma questão apenas moral, mas fundamentalmente uma questão política, de governança. Ao final, o agente foi expulso do partido.

E foi o lixo, que já havia interrompido a subida para o gabinete no primeiro dia e seguia gerando incômodos no governo, que serviu de base para as primeiras ousadias protagonizadas pela SSO. O assunto surgia sistematicamente nos meios de comunicação como uma prova da incompetência administrativa dos petistas e sobretudo de Erundina, identificando-a com a ex-prefeita de Fortaleza, Maria Luiza Fontenele, petista que, segundo se dizia, havia deixado as ruas da cidade tomadas pelo lixo. Fotos de sacos de lixo deixados nas ruas pelos moradores poucas horas antes da coleta normalmente programada eram apresentadas nos jornais como símbolo do abandono da cidade por parte da Prefeitura e aparentemente "comprovavam" (mentirosamente) a incapacidade da equipe do PT. As críticas constantes deram ao secretário grande visibilidade na mídia e no governo, exigindo habilidade para contornar a questão. Ao mesmo tempo, possibilitaram o uso dessa exposição a favor da equipe para tornar públicos e viabilizar novos projetos gestados no Coletivo.

São Paulo precisava de um novo aterro sanitário. Como o Aterro Bandeirantes atingiria o máximo de sua

Coleta Seletiva inédita em São Paulo

Na perspectiva de trazer propostas inovadoras e abrir espaço favorável na mídia surgiu um projeto coordenado com o movimento de modernização da coleta do lixo e com vistas à diminuição dos resíduos, a *Coleta Seletiva*, que hoje, trinta anos depois, abrange todo o território da cidade. Foi a primeira coleta seletiva organizada sistematicamente em São Paulo por iniciativa do poder público municipal. A Limpurb, subordinada à SSO e responsável por gerenciar a coleta de lixo, criou diversos pontos de entrega na cidade – ainda hoje chamados Pontos de Entrega Voluntária (PEV) – e implantou em 1989 um projeto-piloto de coleta porta a porta com caminhão na Vila Madalena, na Zona Oeste, e no Conjunto Habitacional José Bonifácio, na Zona Leste. O primeiro, um bairro de poder aquisitivo mais alto, intelectualizado e engajado nas questões ambientais. O segundo, de renda mais baixa.

A experiência visava trabalhar com realidades bastante diferentes e observar as respostas a fim de se entender qual seria a aceitação do projeto. Mostrou-se que em ambos os casos a Coleta Seletiva foi adotada e aprovada por cerca de 80% dos domicílios, mesmo nível obtido na Europa. Pediu-se à Enterpa, uma das empresas do serviço de coleta e destino final, que fornecesse caminhões pintados e identificados para tal finalidade. A coleta se articulava com cooperativas de catadores e foi planejada pelo corpo técnico da SSO, coordenada por Márcio Bandeira, assessor da Limpurb.

O projeto era de operação simples e baixo custo. Saquinhos de papel, que a Klabin desenvolveu para resistir algum tempo em caso de chuva enquanto não eram recolhidos, foram doados para a Prefeitura e entregues de casa em casa, junto com instruções, para armazenamento do lixo reciclável. Foi a primeira vez que Erundina apareceu na TV Globo em matéria favorável, entregando um saco para resíduos não perecíveis numa casa da Vila Madalena.

Novidade no Brasil, a proposta era, na verdade, a atualização de assunto já encaminhado e incorporado no cotidiano de outros países. No exterior, a discussão sobre o meio ambiente e a ações relacionadas já eram realidades concretas.
A experiência foi tão significativa que a coleta seletiva porta a porta, embora interrompida em meados dos anos 1990 pelo então prefeito Paulo Maluf, manteve-se via cooperativas de catadores e foi retomada pela municipalidade nos anos 2000. A sigla PEV permanece até hoje em uso nos locais de entrega de lixo reciclável.

capacidade em poucos anos, a ideia era fazer um novo, moderno e tecnicamente impecável. Foi Paulo Ganc, ainda na Limpurb, que localizou o terreno para a construção de um novo aterro para a cidade ao fazer um voo de reconhecimento. Ficava no sítio São João, no bairro Cidade Satélite Santa Bárbara, em Guaianazes, Zona Leste de São Paulo, próximo ao final da Avenida Sapopemba. O local foi desapropriado e foram feitas as obras de adequação. O aterro ficou em operação até 2009.

As experiências na SSO e na Câmara dos Vereadores serviram, em parte, como preparação para o furacão que viveria a equipe da SMT nas discussões da proposta da Tarifa Zero e na aprovação da Municipalização. O desejo de transformação foi ali confrontado com a realidade dos contratos, o poder das prestadoras de serviço, a burocracia pública, os interesses políticos e todos os outros entraves que impedem ou atrasam os avanços. Ficou claro o pressuposto de que, em nosso modo de produção, o Estado é uma fonte de corrupção quase inadministrável, dado o cipoal de burocracias que existem supostamente para controlar a administração pública e evitar desvios.

As assessorias técnica e econômica da SSO se debruçaram especificamente nos detalhes dos contratos de coleta de lixo que haviam sido assinados em 1988 pela gestão anterior com duração de cinco anos. Não era possível rescindi-los unilateralmente, sob pena de multa. Assinados pela SSO, os serviços eram fiscalizados pelas Administrações Regionais (ARs na época, hoje Subprefeituras ou Prefeituras Regionais), o que era um obstáculo de gestão que favorecia os contratados. Esse período se caracterizou pelo profundo aprendizado sobre os acordos e a Lei de Licitações, de um lado, e, de outro, sobre a economia das contratações.

Verificou-se que a operação coleta de lixo é, em termos de custos, semelhante à operação de transporte de pessoas por ônibus.

Os contratos estavam estruturados para definir o preço por tonelada *versus* km transportado. Estimavam-se os custos da operação: mão de obra, veículos, manutenção, garagens e outros. A estimativa do custo total era dividida pelo número estimado de toneladas a serem transportadas e pelos quilômetros estimados, chegando ao preço expresso em valor por tonelada e quilômetro.

Depois de minuciosa análise, percebeu-se que o cálculo dos custos estimativos para produzir o edital de contratação: (a) era subestimado, comparado sistematicamente com o realizado *a posteriori*; (b) não distinguia custos fixos de custos variáveis com a tonelagem transportada ou com a quilometragem percorrida. Considerados os largos limites de variação de tonelagem que podem ser absorvidos pela mesma frota e com o mesmo circuito e frequência, a operação de coleta de lixo tem *custos fixos*. A subestimação inicial leva à superestimação das contas a serem pagas.

Essa observação, como se verá adiante, contribuiu para desvendar os segredos das planilhas de custos de ônibus e para compreender a proposta de Municipalização desenvolvida pelo Grupo de Trabalho de Transportes do Partido dos Trabalhadores (GT de Transportes do PT), que se baseava justamente em remunerar por custos operacionais (mais lucro efetivo) e não a partir das receitas do sistema. A separação de custos operacionais e receitas permite evitar efeito semelhante ao descrito acima, quando a remuneração do operador de ônibus é definida por passageiro transportado – assim como no lixo, por tonelada.

Foi essa vivência, esse mergulho profundo nas águas da administração pública e a percepção de que não se conquistava o governo de um município do porte de São Paulo para continuar a fazer mais do mesmo e sem mudanças estruturais, que levou à implantação de projetos que já rompiam a estrutura, ainda que em um setor administrativo de menor visibilidade como a SSO. A bagagem sedimentou o repertório prático e teórico para se pensar a Tarifa Zero, um projeto que subvertia a ordem no uso de seus próprios elementos e contradições.

Passados muitos anos do Governo Erundina, hoje fica claro que fazer transformações estruturais quando no governo pressupõe pelo menos duas condicionantes. Primeiro, um conhecimento claro dos alicerces fundamentais do nosso capitalismo, que é atrasado e fortemente influenciado pela nossa escravatura. É preciso considerar o que se pode chamar de pilares invisíveis que sustentam esse modo de produção, tais como monopólio na mídia privada, impostos regressivos em vez de progressivos, a atuação crescente das Forças Armadas e da PM substituindo a Polícia Civil, a abissal diferença salarial entre funcionários do Estado nos chamados alto e baixo escalão, entre outras discrepâncias.

Depois, o comprometimento absoluto com os interesses da grande maioria da população, que necessariamente deve estar consciente, ter acesso a informações e se interessar por mudanças radicais, e não em apenas fazer aquilo que os dominantes permitem. Sem esse posicionamento, apenas se gerencia o que está posto, ou seja, é impossível governar.

Entendendo os transportes e a crise permanente da SMT

Embora os transportes coletivos tivessem sido um dos principais motes da campanha de Luiza Erundina em 1988, um ano e meio de governo já havia se passado sem que nada de muito significativo e sentido pela população tivesse se alterado no setor. Os ônibus, malcuidados, viviam superlotados, o trânsito piorava e as periferias mais pobres pagavam um alto preço por um serviço de baixa qualidade.

A geógrafa e vereadora Tereza Lajolo, primeira ocupante da pasta de Transportes no Governo Erundina, inicialmente centrou esforços na recuperação da CMTC, recebida em péssimas condições do prefeito Jânio Quadros. A empresa operava as linhas de ônibus deficitárias, com menos passageiros por quilômetro rodado e trechos em piores condições viárias; operava os trólebus, cuja manutenção e consumo de energia eram maiores do que os dos outros ônibus (embora mais limpos, confortáveis e silenciosos); tinha um quadro de funcionários que respondera por mais de quatro décadas a demandas e pressões de grupos no poder, tornando-se motivo de crítica constante da mídia; e não utilizava o trabalho intermitente ilegal (a chamada pegada dupla), que o ex-presidente Michel Temer veio a legalizar por meio da Reforma Trabalhista de 2018. A equipe da CMTC também queria mudar a forma de contratação das empresas de ônibus e passar para um contrato por fretamento, proposta original do GT de Transportes do PT, separando o pagamento dos custos (mais lucros operacionais) da tarifa cobrada dos usuários. Segundo essa proposta, essa era a forma correta de efetivamente praticar o subsídio tarifário. E desse modo acabava-se, também, com a existência de linhas ditas rentáveis ou não rentáveis.

Com a saída de Lajolo, em setembro de 1989, a Secretaria Municipal dos Transportes (SMT) passou a ser comandada por Adhemar Giannini, ligado à corrente Articulação do PT. Giannini aproveitou a necessidade de prorrogação dos contratos – já que o prefeito anterior, Jânio Quadros, não fizera nova concorrência e os antigos estavam vencidos – para realizar contratações experimentais por fretamento, projeto que em 1991 recebeu o nome de Municipalização, e que acompanhava os estudos encaminhados no GT de Transportes do PT.

Entre os problemas crônicos dos transportes coletivos municipais destacava-se a superlotação decorrente basicamente de dois fatores: a frota reduzida, que continuava praticamente a mesma desde 1976, e uma política tarifária, decorrente da modalidade de contratação por concessão de serviço, que previa que as empresas ficariam com a arrecadação da catraca, o que onerava os mais pobres e resultava em um serviço de má qualidade. Isso porque quanto menos ônibus e mais lotados, maior a rentabilidade para as empresas.

Para garantir o maior lucro possível, os empresários operavam as linhas mais rentáveis e pressionavam a Prefeitura por tarifas mais altas, enquanto a CMTC, empresa pública, ficava com o que se chama de osso do serviço, ou seja, o que custa mais e rende menos. Para se ter uma ideia, com a contratação dos serviços via Municipalização, a partir do final de 1991, a CMTC pôde transferir a operação de mais de cem linhas deficitárias que operava até então.

Independentemente de problemas internos de custo, a missão fundamental da empresa era absorver o prejuízo do sistema de transporte de São Paulo, viabilizando, assim, a exploração de parte do negócio por particulares. Mesmo nesse contexto, a CMTC é que era inovadora dentro do sistema. Foi a empresa, por exemplo, que lançou em 1991 os ônibus movidos a álcool e menos poluidores, além dos ônibus a gás. Também foi a empresa que projetou e calculou a estrutura dos veículos de porta à esquerda.

Os meios de comunicação tinham aí um ótimo assunto a explorar, porque, apesar de bandeira de campanha, os ônibus continuavam sendo um serviço muito ruim e caro para os passageiros e a CMTC continuava operando no vermelho, exigindo suplementações orçamentárias. Do modo em que estava estruturado, o sistema era inviável: boa parte dos usuários não podiam pagar altas tarifas; a tarifa era a única fonte de financiamento do investimento e da operação do conjunto; e o investimento permanecia muito abaixo do necessário. Mesmo que a Prefeitura quisesse subsidiar os transportes coletivos, isso não era possível em relação às empresas privadas, que operavam no regime de concessão, segundo o qual a tarifa deve responder pelo equilíbrio econômico e financeiro do contrato. Apenas a CMTC era objeto de aporte de recursos e, por outro lado, era operadora de apenas um terço das linhas, sobretudo, como já foi dito, das deficitárias. Todos os problemas eram decorrentes da herança recebida de governos anteriores, mas isso não importava para a mídia, para a qual a culpa é sempre do governo e da corrupção – e nem para a população, que tinha e tem direito a transporte de qualidade a preço baixo (ou preço zero).

Essa tensão permanente, que se arrastava independentemente do nome à frente da SMT, culminou com a saída de Giannini em 1990. Por ser do grupo majoritário do PT, sua exoneração gerou um clima de crise entre a Prefeitura e o partido que também foi bastante explorado pela mídia.

Além dos problemas de encaminhamentos técnico-executivos da pasta, a sucessão do secretário deixou clara uma outra faceta: a inviabilidade efetiva do cargo de secretário de Transportes.

Dois nomes de perfil técnico, Roberto Mac Fadden, arquiteto e funcionário do Metrô e então vice-presidente da Emurb, e Luiz Mourão Santana, um dos formuladores do projeto de Municipalização do GT de Transportes do PT, técnico reconhecido e quadro do partido, não aceitaram o convite para ocupar a chefia da Secretaria.

Outros vários gostariam do posto, mas, por razões de arranjos políticos, não se mostrava possível nomeá-los. A posição do secretário de Transportes era ambígua porque tinha grande visibilidade, aparecendo sempre na imprensa, mas tinha pouco poder para resolver as complexas questões que se apresentavam. Dependia dos presidentes da CMTC e da CET, que tinham uma autonomia enorme, pois eram companhias públicas contratadas pela Prefeitura. Ou seja, por um lado era um cargo desejado porque abria espaço político e constituía um palco cheio de holofotes, adequado para alimentar vaidades e carreirismo político, mas era também indesejado porque tinha pouco poder efetivo de transformação e era alvo de muitas críticas.

O quadro de difícil composição resultou na escolha de um nome temporário, enquanto se resolvia a crise. Em agosto de 1990, Luiza Erundina indicou interinamente Lucio Gregori, então secretário de Serviços e Obras (SSO). Ele aceitou com a condição inicial de que ocuparia o cargo apenas durante o período necessário para se encontrar um titular para o cargo, e passou a acumular as duas pastas. Seu nome era oportuno porque era engenheiro, ou seja, tinha perfil técnico, e havia trabalhado na Companhia do Metropolitano de São Paulo (Metrô), o que significava experiência em transportes. Além disso, durante o primeiro ano e meio de administração de Luiza Erundina, tinha ganho a confiança dela e era, inclusive, representante da Prefeitura no Conselho Político do Partido.

Ciente do potencial que tinha nas mãos, o novo secretário chegou à SMT numa condição *sui generis*: era interino, mas ao mesmo tempo queria mostrar que era possível alterar o quadro dos transportes até então. Mas vinha a pergunta: o que fazer? E como se dirigir aos funcionários da SMT numa condição de transitoriedade? Sua primeira ação foi, então, a de convocar uma reunião de todos esses funcionários para as oito horas da manhã em pleno domingo. Ele demonstrava, assim, que, apesar de interino, não estava ali só como figuração, mas disposto a trabalhar seriamente enquanto não surgia outro nome para a secretaria.

Embora acumulando as pastas de Transportes e de Serviços e Obras, Gregori passou a ficar mais tempo na SMT e manteve duas pessoas de sua inteira confiança na SSO: Jairo Varoli e Mauro Zilbovicius. Passou a ser habitual que, no final da tarde, eles saíssem da sede da SSO no bairro do Ipiranga e passassem na SMT, em Pinheiros, para se reunir com o secretário, ou vice-versa.

Nesses encontros, os três discutiam os encaminhamentos da SSO e da SMT, os rumos da Prefeitura, a prática política em geral e a necessidade de uma postura radical do governo, já que se tratava de um partido de esquerda e revolucionário, como o PT se apresentava então. Ao mesmo tempo, era necessário encontrar soluções para os problemas da população mais carente. Duas faces de uma mesma política, que deveria explicitar a consciência dos limites do Estado, a forma com que agia politicamente e, simultaneamente, resolver problemas.

Uma coisa sem a outra seria puro esquerdismo, fadado ao fracasso, ou o gerencialismo que aproximaria o PT da social-democracia e das críticas históricas por ela recebidas. Esse era um dilema a ser resolvido pelo Governo Erundina como um todo. Que, nos Transportes, era ainda mais agudo.

A SMT tinha dois departamentos: o Departamento de Transportes Públicos (DTP), que cuidava dos táxis municipais, das transportadoras de escolares e era o contratante da CMTC; e o Departamento de Serviço Viário (DSV), que contratava a CET. Gregori manteve, como presidente da CET, Ailton Brasiliense Pires, atualmente presidente da Associação Nacional de Transportes Públicos (ANTP). CMTC e CET eram empresas públicas, mas autônomas, e eram os braços operacionais da Prefeitura na área. Diante dessa estruturação da SMT, depois de algumas semanas à frente da pasta, chegou-se à conclusão de que o secretário de Transportes era uma espécie de rainha da Inglaterra: tinha muito mais fama que poder de decidir ou de executar as decisões.

De acordo com a lei, a CMTC era encarregada da concorrência e dos contratos de concessão e gerenciamento das empresas de ônibus. A CET geria o trânsito. Enquanto isso, em escala muito menor de importância, o DSV processava as infrações e multas de trânsito, cuja aplicação era exclusiva da Polícia Militar, por meio do Comando de Policiamento do Trânsito (CPTran), e o DTP fiscalizava os táxis e os veículos escolares.

O DSV contratava a CET para realizar as atribuições que originalmente eram do próprio DSV, parte da administração direta. Analogamente, tudo que se referia ao transporte público, originário do DTP, era realizado pela CMTC; nesse caso, sem contrato. Os dois departamentos da secretaria havia muito tinham sido esvaziados pelas duas empresas estatais.

Gregori propôs então para a prefeita a extinção da Secretaria Municipal de Transportes. Luiza Erundina rechaçou a ideia porque as atividades do DTP e DSV eram exclusivas de uma secretaria pública e, em julho/agosto de 1990, convidou Gregori para ficar definitivamente na pasta. Com essa efetivação, Zilbovicius assumiu interinamente a Secretaria de Serviços e Obras e Varoli passou a integrar a Diretoria de Gestão da CMTC, sob a presidência de Sandroni.

A TARIFA ZERO: TRANSFORMAR A ORDEM DENTRO DA PRÓPRIA ORDEM

Na página anterior: Entrega de novos ônibus em São Paulo, em 1989.
Arte sobre foto do Museu SPTrans dos Transportes.

A Tarifa Zero: transformar a ordem dentro da própria ordem

O nascimento da ideia

Desde a experiência inicial na SSO debatia-se constantemente a necessidade de se superar o já mencionado dilema do gerencialismo *versus* esquerdismo. Procurava-se um projeto que poderia pôr em prática a postura radical e ao mesmo tempo resolutiva que se sabia ser tão necessária. Projetos como a coleta seletiva do lixo e os mutirões na habitação mostraram que era perfeitamente possível realizar propostas transformadoras. Mas, além da aceitação dos projetos por camadas da população, era vital evidenciar os limites da democracia capitalista adotada pelo mundo ocidental, sobretudo os limites da democracia em países periféricos como o Brasil.

Foram muitas as reuniões pós-expediente no gabinete do secretário, onde um grande sofá verde-musgo acolhia as conversas de seus visitantes. Ali se começou a pensar em qual seria a possibilidade máxima de subsídio da tarifa dos ônibus. E foi diante dessa questão, que esbarrava no impasse administrar *versus* radicalizar, que se imaginou levar ao máximo a ideia do subsídio para se chegar a uma realidade em que não houvesse nenhuma tarifa.

A fixação do preço era o pior dos problemas da prefeita e momento de grande desgaste político sempre explorado pela mídia para criticar a "inoperância do governo petista". E isso num período em que a inflação chegou a 20% ao mês! Como se viu, nenhum nível de tarifa era adequado ou passível de cálculo aparentemente neutro. O valor era sempre alto para a população e baixo para sustentar o sistema – e nesse espaço moviam-se os empresários, que lançavam mão de vários estratagemas para garantir sua taxa de lucro. Péssima manutenção dos veículos, pneus carecas, portas emperradas, dupla pegada e, principalmente, não realização de viagens, isto é, não cumprimento das Ordens de Serviço Operacionais emitidas pela CMTC, eram práticas comuns.

A certa altura de uma das várias conversas da equipe, chegou-se à conclusão de que a contratação por custo operacional permitia uma compreensão clara da diferença entre tarifa e financiamento do sistema, entendimento-chave para que se descortinasse o horizonte da Tarifa Zero. Uma coisa era cobrar do usuário, outra era pagar por serviço prestado pelas empresas, inclusive pela CMTC. Ora, nesses termos seria possível fixar a tarifa em qualquer nível sem que isso afetasse, como naquele momento afetava, o sistema. A separação preço (tarifa) *versus* custo (serviço) era o pulo do gato da nova forma de contratação, permitiria projetos mais ousados nos transportes, e era parte da proposta elaborada no anteriormente citado GT de Transportes do

PT, que levantava a ideia de cobrar uma tarifa subsidiada, chamada por alguns de tarifa real.

Ora, radicalizando a proposta, já que havia um compromisso com os trabalhadores e uma gigantesca tarefa política a cumprir, por que não... eliminar a tarifa? Um exemplo desse tipo de não pagamento no ato do uso do serviço na SSO era a coleta de lixo, cuja cobrança vem embutida nos impostos e não é feita à parte. Praticamente todos os serviços municipais não eram nem são pagos no ato de sua utilização. Desde que o sistema pudesse ser financiado por outras fon tes que não a cobrança na catraca, tal inovação seria perfeitamente viável.

Um exemplo específico da área de transportes, conhecido por Gregori e sua equipe e que já era discutido na SMT nos tempos de Tereza Lajolo, era o Versement Transport de Paris (no Brasil, chamado de Taxa de Transporte – TT), em que todos os estabelecimentos industriais, comerciais e de serviço da cidade pagam uma taxa que financia um terço do custo do sistema; outro terço é provisão do Tesouro Municipal e o último terço, da tarifa.

A ideia da nova equipe da SMT, então, foi a de retomar a TT como uma fonte diferente da tarifa e levar esta última ao limite, isto é, já mirando um subsídio total do custo para os usuários dos transportes coletivos. Na base desse raciocínio estava o entendimento de que quem se beneficia do transporte coletivo não é somente quem se desloca dentro dele. E essa foi a semente que deu origem à posteriormente chamada Tarifa Zero, em um aprofundamento da ideia de custeio. Mais ainda, foi a partir desse entendimento que houve clareza de que a contratação por custo operacional era essencial para viabilizar a isenção universal do pagamento na catraca.

A prefeita assume a proposta

Com essa ideia na cabeça, em meados de setembro de 1990 o secretário de Transportes dirigiu-se à reunião do secretariado em que se iria fechar o projeto orçamentário para 1991. Uma vez lá, disse à prefeita que, durante o encontro sobre transportes públicos que reunia secretários do setor do país, apresentaria uma "ideia-bomba", a de um sistema sem tarifa, totalmente subsidiado pelo Estado. Como sabia que o assunto poderia trazer desgaste para a Prefeitura, disse a Erundina que ficasse à vontade para demiti-lo se considerasse necessário, em função de má repercussão da proposta.

Ao final do encontro, Gregori e Zilbovicius almoçaram com Paulo Sandroni, presidente da CMTC, no restaurante que havia no Parque do Ibirapuera, onde se localizava o gabinete da prefeita. O economista mostrou-se bastante interessado pela proposta e durante o almoço procurou se aprofundar no assunto para melhor entendê-la. Concluiu que o projeto de subsídio integral da tarifa poderia configurar uma posição política importante e que eles deveriam falar com a prefeita imediatamente para explicar e defender melhor a ideia, a fim de incluí-la no orçamento municipal discutido naquele dia.

Luiza Erundina captou de imediato o potencial político, a possibilidade de pressão popular sobre a Câmara dos Vereadores e a perspectiva de se conquistar uma forte marca de governo, encampando prontamente o projeto. Percebeu na proposição a força de que precisava para renovar a energia de sua administração, sugada por preocupações com as contas e outros meandros burocráticos.

Em livro escrito mais tarde por Paul Singer, secretário municipal de Planejamento do Governo Erundina, a Tarifa Zero seria vista pela prefeita como "uma proposta ousada que resumisse o propósito redistributivo da administração e permitisse retomar a ofensiva". Havia um vigor inédito na ideia, visto que a "necessidade de conter o déficit roubara o ímpeto do governo e precisávamos de uma nova bandeira, capaz de galvanizar o partido e o movimento social".[1]

Retomada a reunião de governo, o secretário de Transportes, a pedido da prefeita, detalhou o projeto diante dos demais integrantes do governo. Muitos ficaram apreensivos.

A partir de então, a prefeita fez reuniões com o secretário dos Transportes e administradores regionais, assessorias e vereadores do PT para explicar a proposta e unir o governo e a bancada em torno dela. Diga-se de passagem que havia

[1] Singer, *Um governo de esquerda para todos*.

A Tarifa Zero acabava com catracas de todos os tipos, eliminava a limitação do acesso aos espaços urbanos e a discriminação da circulação segundo a renda, o que a tornava também uma revolução simbólica.

certas resistências ao projeto, mas os membros do governo acataram a decisão da prefeita, embora entre os vereadores muitos também considerassem a proposta temerária e problemática para a bancada, que já era minoritária.

Com o aval e o entusiasmo de Erundina, Marilena Chaui, secretária municipal de Cultura, e Paul Singer, secretário de Planejamento, aprovaram prontamente o plano. Chaui viu na Tarifa Zero a possibilidade de a população se apropriar do território citadino e usufruir todo o potencial que ele oferece, enquanto o sistema colocado era a própria barbárie, porque excluía – e ainda exclui – as pessoas da urbe. A Tarifa Zero, ao contrário, devolvia aquilo que de fato era delas, a cidade, que não pode ser propriedade apenas dos empresários ou dos donos do capital. Para Singer, o projeto tinha apelo político enorme, de convocação popular e de radicalidade, fundamental para um governo petista. Ambos se empenharam forte e decisivamente na campanha pró-Tarifa Zero, quando o projeto de lei foi enviado para a Câmara em setembro de 1990, nos vários debates e nas reuniões com a população.

O apoio dos dois secretários foi fundamental para a discussão e divulgação da Tarifa Zero. Os textos de Singer, lidos agora à distância no tempo, ajudam a compreender o significado que o projeto adquiriu dentro do governo, no partido e na sociedade naquele período e trazem claras explicações sobre a viabilidade técnica da proposta e sua importância política até hoje.[2]

Vencendo as resistências

A proposta inicial de uma taxa para subsidiar os transportes mostrou-se, entretanto, juridicamente inviável. Foi um balde de água fria saber da chefe da assessoria jurídica da prefeita que, de acordo com a Constituição Federal de 1988, a instituição de qualquer imposto municipal exigia a sua criação pelo Congresso Nacional. Pareceu o final nem um pouco glorioso de uma grande ideia que ainda estava no papel.

Por um momento, houve a impressão de que não seria possível fazer um projeto juridicamente factível. Logo depois, porém, percebeu-se que, se a TT não era viável por causa da dificuldade de discussão no Congresso Nacional, seria possível embutir a cobrança dos transportes numa reforma radical do IPTU. Era como se fazia e se faz, por exemplo, com a coleta do lixo e a iluminação pública, aumentando o valor desse imposto, que poderia ser aprovado em nível municipal.

[2] Mais dados e informações em Singer, op. cit.

Surgiu daí a proposta de se criar um fundo para os ônibus municipais a partir de uma reforma tributária, principalmente do IPTU. Assim foi concebido o Fundo Municipal de Transporte (Fumtran), objeto do Projeto de Lei (PL) n. 342/1990 encaminhado à Câmara. O segredo do fundo era sua composição com parte de todas as receitas municipais em vez da vinculação de um imposto, no caso o IPTU, a uma única despesa, o que seria inconstitucional. O PL, que já fazia referência à isenção da tarifa em seu texto, foi enviado à Câmara dos Vereadores em 28 de setembro de 1990 e recebeu a alcunha de Tarifa Zero numa coletiva de imprensa realizada na mesma data.

A Lei Orgânica do Município de São Paulo, de abril de 1990, diz, em seu artigo 7º: "É dever do Poder Municipal [...] assegurar a todos [...] locomoção através de transporte coletivo adequado, mediante tarifa acessível ao usuário". Como a lei menciona tarifa, ao responder uma pergunta durante coletiva de imprensa, Gregori disse: "*não é transporte de graça, é transporte a tarifa zero*", porque a ideia do ônibus gratuito tinha má conotação. Assim ficou batizado o projeto e o símbolo de uma das mais ousadas propostas de Luiza Erundina no governo da cidade de São Paulo.

Segundo Gregori, Chico Malfitani, jornalista, publicitário e secretário municipal de Comunicação, teria exclamado, encantado com a ideia ao tomar conhecimento da proposta: "Jesus desceu de novo!". Tal como Singer e Chaui, o jornalista entendeu a Tarifa Zero como uma luz de radicalidade nas ações de governo, um projeto ao mesmo tempo capaz de alterar a realidade de modo revolucionário e de constituir um capital político que deixaria uma marca importante para a administração petista de Luiza Erundina, abrindo perspectivas muito boas para a pasta que Gregori chefiava.

Malfitani criou vídeos e demais peças publicitárias de divulgação do projeto em toda a cidade e propôs um lançamento grandioso, com entrevista coletiva na mesma data da entrega do PL à Câmara. A campanha televisiva enfatizava os efeitos decorrentes do projeto, como a possibilidade de usufruto da cidade e de consumo, como descrito por Singer. Ao lado da propaganda, realizaram-se audiências públicas em todas as administrações regionais com intensa presença de seus moradores, desejosos de participar do desenho dos itinerários, frequência e funcionamento dos ônibus paulistanos. Publicidade, convite da municipalidade à participação e mobilização popular a favor da proposta fizeram a maioria da opinião pública apoiar a Tarifa Zero, mesmo sabendo que ela não sairia de graça.

A questão era fazer o preço para o usuário, e não o custo – o que seria impossível –, ser zero. As despesas operacionais seriam cobertas por meio de uma arrecadação de impostos mais justa, proporcional à renda dos cidadãos. Colocado desta forma, o projeto provocava uma discussão fundamentalmente política: quem paga os impostos? Quem deve pagar? Quem deve se beneficiar? Como dividir o custo dos serviços públicos entre cidadãos profundamente diferentes? Além da campanha televisiva, parte da ordem estabelecida, a Prefeitura realizou debates com a população na periferia e criou condições para que as pessoas de fato conhecessem o projeto com maior profundidade.

Logo depois, o vereador Chico Whitaker, que acabava de ser designado líder do Governo Erundina na Câmara Municipal – em substituição a Pedro Dallari, eleito deputado estadual –, vendo que havia reticências na própria bancada do PT, consagrou exclusivamente à Tarifa Zero um número especial do boletim *Procurando Entender*, publicação de seu gabinete destinada a explicar didaticamente e com clareza para a população os projetos discutidos na Câmara. Nesse boletim, bem mais extenso que os demais, ele abordou as várias questões colocadas pela Tarifa Zero, como será detalhado adiante.

A Tarifa Zero era uma revolução em todos os aspectos. Ao mesmo tempo em que partia de uma reforma tributária progressiva e socialmente mais justa, elevava as potencialidades do sistema produtivo, que depende da circulação de mercadorias e de mão de obra para sobreviver. Ao mesmo tempo, democratizava o uso, a vivência e a produção da cidade. Ela acabava com catracas de todos os tipos, eliminava a limitação do acesso aos espaços urbanos e a discriminação da circulação segundo a renda, o que a tornava também uma revolução simbólica. Tudo isso, entretanto, não foi tão clara e plenamente formulado na época. A ideia inicial era conquistar um transporte coletivo de qualidade que não fosse cobrado dos mais pobres (que mais o utilizam), mas cujo custo fosse dividido socialmente, sobretudo via IPTU.

Os pilares da proposta do Fumtran e da Municipalização

O PL n. 342/1990 tinha dois pilares fundamentais: a constituição do Fumtran com a "revolução" tributária e a Municipalização do sistema de ônibus e trólebus.

O Fumtran era formado por dotações municipais, convênios, doações, rendimentos de aplicações dos próprios recursos, entre outras fontes. Na prática, consistia basicamente de uma reforma tributária que aumentava forte e progressivamente os impostos municipais, sobretudo o IPTU, para a formação de um caixa destinado única e exclusivamente a cobrir os custos dos transportes coletivos. Mas já na página 4 do projeto aparecia a ideia da implantação da Tarifa Zero a partir de 1º de julho do ano seguinte, 1991. Ou seja, o fundo vinculava-se à proposta de não se cobrar qualquer tarifa, embora a Prefeitura estivesse autorizada a cobrar algum valor caso os recursos em caixa fossem insuficientes.

Sob a gerência do Conselho Municipal de Transportes (CMT), o fundo teria como presidente o prefeito municipal e seria composto por outros quatro membros: os secretários municipais de Transportes, de Planejamento e de Finanças, e um representante do Poder Legislativo Municipal. Ao CMT

A Tarifa Zero em cidades do mundo

Em diversas cidades do mundo, no entanto, essa realidade é bem diferente. Não há tarifa nos transportes coletivos em cerca de vinte cidades na França; em Talim, capital da Estônia; em algumas linhas de Cheng-du (China), cidade de 4,6 milhões de habitantes; em Sidney, na Austrália; em Manchester, no Reino Unido; e em Baltimore, nos Estados Unidos da América (além de outras 32 cidades naquele país). Recentemente, anunciou-se em Luxemburgo isenção de tarifa nos transportes públicos de todo o país, e também em Kansas City, nos EUA.

No Brasil, Maricá é um exemplo de cidade sem tarifa em muitos trajetos. Desde 2014, as linhas da Empresa Pública de Transportes (EPT) operam sem tarifa. Segundo o prefeito, além de enfrentar os empresários de ônibus, também foi preciso lidar com alguns fabricantes de ônibus, que se recusaram a fazer vendas para a EPT. Houve um incremento do comércio local, atraindo inclusive moradores de cidades vizinhas. Os ônibus funcionam mesmo de madrugada e por isso as lojas próximas à rodoviária aumentaram o horário de atendimento. Além disso, a EPT de Maricá vai financiar através de *royalties* de petróleo a ampliação da pesquisa e fabricação de ônibus movidos a hidrogênio, em colaboração com a Universidade Federal do Rio de Janeiro. Em Vargem Grande Paulista, no estado de São Paulo, também foi anunciada a Tarifa Zero em 2019.

Em Paris, a prefeita Anne Hidalgo, no cargo desde 2014, pensou em instituir a gratuidade nos transportes coletivos para retirar os carros das ruas. Para tanto, realizou uma pesquisa na qual se descobriu que apenas 5% dos usuários de carros migrariam para o transporte coletivo. Hidalgo, então, desistiu da ideia.

Dentre os efeitos da gratuidade nos transportes coletivos observam-se a redução da emissão de gases poluentes e do índice de ruído e a diminuição dos congestionamentos e acidentes. Na Alemanha, por exemplo, o governo federal, preocupado com a poluição e os engarrafamentos, propôs no início de 2018 um projeto-piloto de transporte público gratuito para incentivar a população a evitar o uso dos automóveis, a ser implantado experimentalmente em cinco cidades. Claro que, como o custo não é zero, é preciso uma nova equação dos tributos.

A mobilidade é, como se vê, um grande problema em todo o mundo. Mais ainda, é preciso considerar que o movimento pró-gratuidade em países mais desenvolvidos, sobretudo na Europa, está fortemente apoiado na questão ambiental, sem maiores preocupações com a questão social, o que dá margem a uma disputa entre avanços nos transportes coletivos *versus* avanços nos modais alternativos. Existe, portanto, muito mais uma guerra contra os automóveis do que uma guerra a favor dos transportes coletivos pelo seu caráter social e menos ainda por sua gratuidade. No Brasil, além da questão ambiental e da substituição do automóvel por meios mais limpos e mais coletivos, a proposta de Tarifa Zero tem um forte componente de justiça social e de superação do nosso modelo conservador e escravagista.

caberia, ainda, aprovar a planilha de custos de responsabilidade do Conselho Municipal de Tarifas (Comtar) e estabelecer diretrizes políticas gerais do sistema de transportes coletivos.

O segundo pilar do PL era a Municipalização do sistema de ônibus. A Prefeitura assumiria a coordenação de todo o sistema, inclusive a gestão dos recursos, fiscalização, definição de trajetos, frequência e horário de funcionamento das linhas de ônibus e contrataria por fretamento as empresas, que, por sua vez, forneceriam veículos com motorista e, eventualmente, outro funcionário dentro do ônibus. A Municipalização era condição *sine qua non* para possibilitar a Tarifa Zero, porque passava todo o controle para a Prefeitura e separava a tarifa do custo, o que permitia ao poder municipal administrar o dinheiro e, no limite, extinguir a tarifa nos transportes coletivos da cidade, como então se desejava.

O projeto técnico que resultou nos valores monetários do Fumtran pressupunha um aumento de passageiros por conta da gratuidade e consequentemente uma necessária ampliação da frota de ônibus em cerca de 4.700 veículos.[3]

Lançado o projeto, iniciou-se um debate intenso a respeito da proposta. Foram discussões acaloradas na Câmara, no governo, no partido, na TV, nos jornais e nas ruas. Pouco a pouco foi ficando claro o poder explosivo da proposta:

---

[3] Detalhes do projeto técnico disponíveis em: https://web.archive.org/web/20170701235551/http://tarifazero.org/2009/08/04/a-tarifa-zero-e-a-municipalizacao-do-transporte-coletivo-por-paul-singer.

a ideia da ausência de tarifa nos transportes extrapolava a discussão sobre o valor em dinheiro que não se pagaria na catraca e escancarava toda uma narrativa em torno da necessidade do pagamento como legitimação do serviço, do mérito, da remuneração do trabalho e dos diferentes níveis de cidadania a que estão submetidos os habitantes da cidade. Narrativa que estruturava pensamentos, tanto à direita quanto à esquerda do espectro político, referidos a uma estrutura social já tão assimilada que se mostrava naturalizada e cristalizada.

Decididamente, a tarifa significa muito mais do que o pagamento por um serviço e tem múltiplos significados políticos e sociais. Não se conhece debate tão complicado e explosivo em relação a tantas outras gratuidades, como coleta e destino final do lixo, varrição de ruas, tapa buracos, sinalização horizontal e vertical do sistema viário, iluminação pública, entre tantos outros – ou seja, sobre quase todos os serviços municipais –; um dos únicos serviços públicos pagos no ato de utilização é o transporte coletivo, mas ninguém se surpreende com isso.

O Estado já cuida do transporte individual ao sinalizar, pintar e administrar ruas, sinais luminosos, placas de sinalização, asfalto, iluminação e limpeza das ruas, sem arrecadar nada especificamente para custear essas ações. Sem fontes adicionais, o Estado já arca com os custos da construção de pontes, viadutos e pistas expressas e estruturas muitas

No início da década de 2000, a Belo Horizonte Transporte (BHTrans), de Belo Horizonte, ofertou gratuidade num fim de semana e a demanda foi maior que nos dias úteis: evidentemente havia demanda reprimida pela tarifa. De acordo com pesquisa promovida pela Rede Nossa São Paulo em 2019,[1] metade da população paulistana deixa de visitar parentes, amigos e amigas por causa do preço da tarifa de ônibus e 40% deixam de fazer consultas médicas ou exames pelo mesmo motivo. Em pesquisa[2] realizada pelo Ministério da Saúde, habitantes de 198 municípios ouvidos em um levantamento durante a campanha de vacinação de 2019 contra a influenza apontaram que "medo da vacina, percepção equivocada de que ela não protege, avanço de informações falsas e falta de dinheiro para transporte até o posto de saúde estão entre fatores citados pelos entrevistados para explicar a dificuldade em atingir as metas de vacinação de crianças e gestantes contra a gripe".

---

[1] Mais informações sobre a pesquisa em: https://www.nossasaopaulo.org.br/2019/09/11/precisamos-entender-a-mobilidade-como-direito-em-contraposicao-a-mobilidade-como-servico.

[2] Conforme relatado em reportagem publicada no jornal *Folha de S.Paulo* em 7 de agosto de 2019, disponível em: https://www1.folha.uol.com.br/cotidiano/2019/08/medo-e-fake-news-atrapalharam-vacinacao-contra-gripe-diz-pesquisa.shtml.

vezes exclusivas para os automóveis, como no caso da Ponte Estaiada em São Paulo (2005-2008). Com a Tarifa Zero, o Estado se ocuparia mais e com maior qualidade de um serviço público coletivo fundamental para uma imensa parte da população frequentemente desassistida e vulnerável.

Mas, como a narrativa do trabalho vinculada ao mérito é profundamente enraizada em São Paulo, mesmo entre partidos, políticos, intelectuais e lideranças políticas autodeclaradas de esquerda, alguns se colocaram contra o projeto. Para muitos, os cidadãos deveriam apenas receber um salário digno por seu trabalho, valor suficiente para pagar por um transporte de qualidade. Tal posicionamento corrobora a hipótese de que a mobilidade física estava, e segue, ligada ao sonho de mobilidade (ou ascensão) social, movimento que dependeria única e exclusivamente do esforço individual.

Cabe observar, a título de complementação, que o sistema de cobrança ocupa espaço de dois a quatro assentos, a depender do tipo de ônibus. Numa conta rápida e elementar, em São Paulo, cuja frota é de cerca de 15 mil ônibus, de 30 mil a 60 mil lugares deixam de ser ofertados. Na verdade, esse número é ainda maior. Considerando-se que cada veículo faz pelo menos dez viagens por dia, teríamos de 300 mil a 600 mil lugares disponíveis diariamente na frota. Sem falar do custo do próprio sistema de arrecadação da tarifa, que se estima pode chegar a 20% do custo total. Pensando no discurso da eficiência, eis aqui uma paradoxal ineficiência a serviço da arrecadação.

O significado do transporte coletivo

É vital considerar que os fluxos dos cidadãos transcendem a condição exclusiva de transporte e são fundamentais para o exercício pleno da cidadania. São fatores estratégicos para o controle material e imaterial no território da cidade, resultantes de decisões e ações políticas. Enquanto para alguns a mobilidade permite variedade de modos, percursos e destinos, divididos em maior número de viagens ao longo do dia, para a maioria as possibilidades são restritas aos deslocamentos úteis (sobretudo casa-trabalho-educação e casa-compras), resultando num grande número de pessoas submetidas a um cotidiano opressivo dentro de transportes coletivos caros, lotados, lentos e desconfortáveis, dispostos sobre um sistema viário que privilegia a individualidade e a velocidade dos que têm mais poder aquisitivo.

A tarifa, que se configura como dever e mérito do passageiro, ou demérito de quem não pode pagar, desenha-se como poderoso regulador do acesso ao transporte coletivo e aponta para a perversidade crescente do sistema. Ao mesmo tempo que se afasta a moradia dos mais pobres do centro da cidade, também se cobra (e muito!) por um serviço de baixa qualidade no qual o valioso tempo dessas pessoas é depreciado, assim como seus desejos, sonhos e perspectivas.

Em tal arranjo, o transporte coletivo se refere, sobretudo, aos deslocamentos residência-trabalho-residência, que podem ser chamados de "viagens dos deveres". Nos horários de lazer, das "viagens dos prazeres", a oferta é baixíssima sob a alegação de falta de demanda, mas na realidade o baixo número de usuários deve-se à impossibilidade de pagamento.

O projeto da Tarifa Zero de 1990 era uma ruptura com a lógica mercantilista dos transportes coletivos até então e a consequente restrição do acesso à cidade. Extinguia a tarifa como limitadora social e propunha um serviço público realmente universal. Ao atribuir progressivamente a responsabilidade do custo do sistema ao conjunto dos contribuintes, removia-se dos deslocamentos a aura individual e meritocrática, representada nos transportes públicos pelo valor cobrado na simbólica catraca. Devolvia-se aos ônibus seu caráter realmente coletivo de responsabilidade de todo o conjunto da sociedade, revelando sua dimensão política e social, e, de quebra, retirava um objeto-símbolo odioso como é a catraca.

Era previsível a polêmica que o projeto causou. A Tarifa Zero abalava as estruturas secularmente sedimentadas na sociedade e questionava toda uma ordem estabelecida que discutia o modo de se deslocar através da cidade, quem deve pagar a conta e por que, para atingir diretamente as catracas sociais material e imaterialmente existentes no imaginário dos brasileiros.

Não era pouco, mas era preciso. Por isso era demais.

O FETICHE DA TARIFA: UM DEBATE EXPLOSIVO

Na página anterior: Mulher pula a catraca durante mobilização em Belém na década de 1980. Arte sobre foto de autoria desconhecida.

O fetiche da tarifa: um debate explosivo

O partido

Elemento fundamental no enredo dos transportes coletivos e impregnada por ideias de mercadoria e de individualismo no que se refere ao deslocamento, a tarifa em si constitui um capítulo à parte na questão da mobilidade das pessoas. Ela seria uma espécie de síntese do fetiche capitalista no horizonte do transporte público coletivo, uma decorrência do caráter social da produção de mercadorias, no qual todas as coisas passam a ter um valor de troca que suplanta seu valor de uso.

Nessa narrativa, cada indivíduo seria naturalmente responsável por seu deslocamento, remunerando-o por seu valor de troca a depender do poder aquisitivo do usuário – conforme o caso não se desembolsa uma tarifa de ônibus, mas adquire-se um automóvel, uma motocicleta ou uma bicicleta, por exemplo.

Há um significado importante no ato de (poder) pagar a tarifa, atribuição que enfeitiça a muitos, hipnotizados pela necessidade de arcar individualmente com sua mobilidade, como se essa fosse a materialização da própria possibilidade de mobilidade social e a representação de capacidades e positividades (ou incapacidades e negatividades) individuais.

Não é surpresa que se reproduzam tão fortemente nos transportes a exclusão, o racismo, o machismo e a precariedade tão estruturais da sociedade brasileira. Menos evidentes e mais sutilmente colocadas, por outro lado, são as profundas microrreproduções dessa estrutura nos níveis e espectros mais variados, como se viu nos muitos debates sobre a Tarifa Zero nos anos 1990 e depois do seu renascimento em 2005.

Um dos embates mais duros que a proposta enfrentou aconteceu dentro do próprio partido da então prefeita Luiza Erundina. Apesar de contemplar a contratação das empresas por custo operacional, que era uma proposta do GT de Transportes do PT de São Paulo, a radicalidade do subsídio integral da tarifa pegou de surpresa quadros partidários importantes que se viram, repentinamente, obrigados a opinar sobre um assunto tão relevante, mas que tinha sido levantado por um grupo periférico de militantes partidários. Havia, também, uma fração da militância que considerava os ônibus clandestinos elementos importantes do quadro numa perspectiva antissistema e numa visão do tipo *small is beautiful*. Mas essa percepção escondia ao mesmo tempo uma perspectiva de ganhos e enriquecimento.

Como as empresas deixavam de realizar algumas viagens, preferindo cortar custos e enchendo os ônibus na viagem seguinte para aumentar seus lucros, os clandestinos, operados por empresas ou indivíduos que não participaram da licitação e não faziam parte do sistema gerenciado pela Prefeitura, ganharam espaço atendendo pontos de ônibus superlotados. Obviamente, quase sempre estavam em péssimas condições, eram velhos e com pouca manutenção, com alto risco de acidentes, e prestavam um serviço de baixa qualidade. Rigorosamente, os prejuízos que causavam eram principalmente às empresas, que perdiam passageiros e, por isso, receitas. Para a Prefeitura não havia prejuízo econômico (a não ser se os clandestinos operassem em linhas da CMTC, que não deixava de realizar viagens), mas ela não podia permitir essa degradação do sistema. Alguns indivíduos que operavam os clandestinos, como se verá adiante, compunham a base social e política de uma parte dos parlamentares do PT. Assim, combatê-los era uma batalha difícil, dado o estado precário do sistema nas ruas, em que eram uma alternativa real para uma população castigada, além de atender a interesses de representantes do partido na Câmara Municipal.

Com o tema em pauta, o GT de Transportes e a Comissão Executiva Municipal do PT decidiram, em novembro de 1990, estabelecer um fórum interno ao partido para debater e levantar as diversas opiniões acerca do projeto, cujo teor está publicado em um número especial do *Tribuna de Debates*, publicação periódica do PT. A burocracia e figuras partidárias proeminentes no setor de transportes foram muito críticos ou apoiaram quase sem nenhum alarde. Foi o caso da Central Única dos Trabalhadores (CUT), cujo presidente

A tarifa seria uma espécie de síntese do fetiche capitalista no horizonte do transporte público coletivo, uma decorrência do caráter social da produção de mercadorias.

à época entregou discretamente nas mãos do secretário uma carta de apoio ao projeto e nada mais falou publicamente a respeito. A CUT chegou a produzir manifesto de apoio ao projeto, mas tinha, ao mesmo tempo, uma postura crítica a seu respeito, pois alegava que ele poderia causar o desemprego dos cobradores.

Vários especialistas em diferentes áreas de estudo urbano, militantes do partido e vereadores, além do próprio secretário, que se encarregou de defender o projeto em companhia de outros poucos, foram convidados a debater. Também participaram do debate publicado Paul Singer, Celso Cosenza, Mara Calor, Tereza Lajolo, Carlos Henrique Árabe, Carlos Alberto Zaratini, Valério Arcary, Laurindo M. Junqueira Filho, Orlando Moreira Jr. e Claudimar M. Dias.

Gregori abriu o caderno com um convite ao debate de questões a respeito do tema, baseado em uma argumentação primordialmente política do projeto, fundamentando sua exposição em dados técnicos que mostravam sua viabilidade. Para ele, a Tarifa Zero "significa o primado da decisão política sobre a técnica. Todos os problemas colocados pela tarifa são tecnicamente resolúveis. A decisão política é que deve estabelecer as condições sob as quais os técnicos devem trabalhar, eis uma questão colocada pela proposta."

"O transporte coletivo não se diferencia de outros serviços públicos ofertados sem pagamento no ato de sua utilização. Se aceitarmos sem mais que parte desse serviço deve ser pago (tarifa fortemente subsidiada), por que não aplicar esse princípio aos demais serviços? Provavelmente há um componente simbólico na questão do transporte. Liberdade maior de movimentação incomoda a quem? Fruição maior da cidade, hoje privilégio daqueles que nela podem se deslocar e vivenciar e, portanto, ruptura com mais essa condição de subalternidade? Conservadorismo disfarçado na forma de restrições técnico-operacionais? Internalização das ideologias dominantes? Será importante debater também esses aspectos."

Ainda hoje, em 2020, o debate permanece necessário para que seja possível revelar sua instância simbólica e ideológica e deixar claro o que está em disputa.

De maneira geral, os debatedores reconheciam a importância transformadora da ideia de uma reforma tributária para o financiamento das passagens de ônibus, ação que serviria para evidenciar o conflito social e político brasileiro e a desigualdade da distribuição de renda no país. Ressaltava-se que o projeto deixava evidente que o favorecimento de uma maioria com menos recursos exigia pagamento de uma minoria historicamente privilegiada. Por outro lado, a crítica recorrente à Tarifa Zero era a de que não se abordava a crise na CMTC nem se falava em estatização do sistema de transportes coletivos, assunto fechado dentro do PT. Havia também a preocupação com o vandalismo dos bens públicos e com o aumento da periferização das camadas mais pobres, e o alegado crescimento desordenado da cidade – como se, com a tarifa alta, a cidade não tivesse crescido descontroladamente por efeito da especulação imobiliária...

Em um texto didático, Paul Singer fez um arrazoado em defesa do projeto dividindo seu artigo em uma primeira parte com quatro justificativas em favor da Tarifa Zero e uma segunda com os itens mais polêmicos discutidos na cidade e nos meios de comunicação. Entre a fundamentação a favor, Singer abordou a democratização do uso dos serviços da cidade; o impacto no orçamento das famílias mais pobres (entre as quais o gasto com a condução representaria de 20% a 30%); a economia de 24% do custo da cobrança da tarifa, que não mais existiria; e a importante transferência do ônus do pagamento do sistema do usuário para o contribuinte, principalmente por meio de impostos diretos, como o IPTU e o Imposto sobre Transmissão de Bens Imóveis (ITBI), o que representaria uma contraposição "à crescente concentração da renda, mitigando seus efeitos".

Economista e secretário municipal de Planejamento, Singer organizou respostas pontuais às críticas em três itens: deixou claro que a CMTC enfrentava problemas em grande parte administrativos e que "a Tarifa Zero não os agrava nem os soluciona". Além disso, com a reorganização total do sistema, avaliava que a CMTC poderia "obter recursos para renovar a frota, consertar garagens etc."; sobre o investimento em transportes retirar dinheiro de outros serviços essenciais e necessários como a Saúde e a Educação, o economista esclarecia que o custo da proposta não chegava a 30% do orçamento municipal e que esse "gasto a mais com ônibus não se fará pela diminuição do gasto com outros setores, mas pelo aumento dos impostos diretos".

E finalizava, categórico: "A Tarifa Zero não é uma tarifa *muito* subsidiada mas uma ruptura radical com a mercantilização de um serviço essencial".

A proposta radical de isenção da tarifa, provavelmente graças a sua radicalidade e potencial, gerou críticas, algumas agressivas ou bastante contraditórias, entre as quais destacam-se as de Laurindo M. Junqueira Filho, secretário de Transportes de Campinas, ex-diretor da CMTC e ex-funcionário do Metrô de São Paulo; de Carlos Alberto Zarattini, então secretário-geral do Sindicato dos Metroviários; e de Celso Cosenza, ex-presidente da CMTC no início do Governo Erundina.

Junqueira Filho pareceu basear suas considerações em receios apocalípticos diante da ruptura que o projeto propunha. Para o secretário de Campinas, seria temerário defender a "boa intenção" da Tarifa Zero porque a demanda reprimida

Como a discussão era quente, não ficou restrita ao PT e aos integrantes do governo, envolvendo também TV, mídia impressa e até um coletivo formado por membros da sociedade civil, o Comitê Pró-Tarifa Zero, que fez um abaixo-assinado, passou por gabinetes de vereadores defendendo a proposta, panfletou no centro da cidade e criou um placar, instalado na Praça Ramos de Azevedo, com a posição de cada legislador. Nesse sentido, vale ressaltar que a Prefeitura soube fazer uso das possibilidades midiáticas disponíveis, lançando mão de publicidade e do espaço criado na imprensa para dar relevância ao projeto e estimular a discussão de tema considerado vital para o governo.

---

nos transportes sairia às ruas, com possível destruição de veículos e lotação destes por "usuários reprimidos e alegres iludidos", que inundariam o sistema integrado de ônibus e metrô "ávidos por transportes e jogados em filas imensas em seus subterrâneos". Seu texto evidenciava uma visão da mobilidade como um problema técnico a ser resolvido por especialistas tecnocratas, apartada de escolhas políticas que moviam a equipe a favor da Tarifa Zero. Mais ainda, desprezava a capacidade dos técnicos para dimensionar o sistema de modo a evitar as filas e contava com a repressão da tarifa para esconder essa possível incompetência. Em suma, esse argumento necessariamente reconhece que a tarifa é o principal regulador da demanda pelo transporte, especialmente em sociedades de baixa renda, e defende, sem explicitar, que a tarifa deve ser alta, para não "encher os ônibus"...

Outro alvo de ataques era o alegado crescimento desordenado da cidade. Cosenza e Mara Calor (presidente e vice-presidente da CMTC de Tereza Lajolo) olhavam o projeto como perigoso e danoso para o planejamento e uso do solo. Entre outros motivos, argumentavam, porque acabaria estimulando o crescimento descontrolado da mancha urbana, já que o custo do transporte seria zero. Essa opinião era compartilhada por outros especialistas em planejamento urbano do partido. Como se o descontrole não ocorresse em função de outros fenômenos de mercantilização urbana acionados por poderosos interesses econômicos.

Aparentemente, o fetiche da tarifa aprisionou, e continua aprisionando, pensamentos e argumentos numa armadilha capciosa.

Os meios de comunicação

No mesmo dia do lançamento da proposta, o secretário foi convidado a participar do noticiário de TV comandado por Boris Casoy. O apresentador destacou fortemente os riscos da Tarifa Zero, especialmente a invasão dos ônibus por desocupados e alcoólatras, bem como a depredação, dada a não valorização daquilo que é "de graça".

No dia 29 de setembro de 1990, um dia após o lançamento do projeto de lei que propunha a criação do Fumtran, os jornais deram destaque à notícia. No *Diário Popular*, a prefeita "prometia" ônibus grátis enquanto a oposição considerava a "proposta absurda" e acusava Erundina de "casuísmo e demagogia", por estar às vésperas das eleições para governos dos estados e Congresso Nacional.

Na sequência, em 1º de outubro, o jornal *Folha de S.Paulo* publicou reportagem na capa do caderno Cidades e, assim como o *Diário Popular*, deu importância ao chamado "pai da ideia", procurando individualizar a proposta e atenuar sua importância política e marca coletiva de governo. A manchete, em vez de frisar o conceito do projeto e a desobrigação da tarifa, salientava que a Prefeitura poderia rever a isenção caso o imposto arrecadado fosse menor que o previsto. Na mesma página, em uma coluna à direita, publicavam-se comentários de pessoas públicas sobre o projeto, indicando que todos, de *socialite* a deputado, tinham alguma opinião sobre o assunto. Nenhuma de aprovação plena do projeto.

A mesma *Folha* publicou, em 22 de outubro, pesquisa sobre a Tarifa Zero que mostrava a divisão dos paulistanos: 43% eram a favor e 45% contra o projeto. Os números por renda salarial eram mais esclarecedores: entre os que recebiam até cinco salários mínimos, a aprovação era de 50%, sendo 38% contrários; entre os que recebiam mais de 10 salários mínimos, 35% eram a favor e 54% contra. Já na faixa intermediária, entre 5 e 10 salários mínimos, 48% eram contra o projeto e 39% colocavam-se a favor.

Entre os que apoiavam, em questionário com respostas múltiplas, 64% aprovavam porque beneficiava os mais pobres e trabalhadores, 23% porque melhorava a distribuição de renda, 22% achavam a proposta boa porque os gastos com transportes diminuiriam e 20% porque a qualidade do transporte coletivo iria melhorar. Entre os contrários, 52% afirmavam que o imposto ficaria muito mais caro, 17% diziam que a qualidade do transporte coletivo iria piorar, 14% eram contra porque não utilizavam ônibus, 12% porque eram contra a prefeita e o PT e 11% diziam que desocupados e vagabundos seriam atraídos para os ônibus. Também havia outras opiniões relacionadas ao medo do vandalismo, posicionamentos a favor da redução, mas não isenção da tarifa, e gente defendendo aumento de salários em vez de subsídios para o transporte.

Previa-se para o início de novembro de 1990 a discussão do projeto na Câmara. A reportagem da *Folha* deixava claro, num pequeno último parágrafo da reportagem secundária, que o aumento do IPTU seria mais elevado para a indústria, o comércio e os terrenos vazios voltados à especulação imobiliária, mas tirar partido da contenda era mais interessante para vender jornais do que dar destaque a esclarecimentos sobre o projeto.

A sociedade

As informações sobre a Tarifa Zero convenceram boa parcela dos moradores de São Paulo, que aprovavam crescentemente (68%) a proposta e as modificações no IPTU para financiá-la (76%), como se viu na pesquisa da Toledo e Associados citada na apresentação do livro. Mas isto não foi bastante para persuadir os vereadores de São Paulo a aprovar o projeto de lei, que a casa nem sequer apreciou. A votação de um projeto depende de sua inclusão na pauta de votações. Essa decisão é tomada pela presidência da casa, usualmente em acordo com os líderes das bancadas, desde que o projeto receba parecer favorável da primeira comissão a analisá-lo, que é a de Constituição e Justiça, e pareceres de todas as demais comissões sobre o seu mérito. Assim é que, simplesmente por não ter cumprido todas essas exigências regimentais, as reticências na bancada do PT se somaram às resistências que existiam dentro da Câmara e impediram que o projeto entrasse em pauta.

Nas ruas e na TV o debate permanecia aceso enquanto a Prefeitura, com sua Secretaria de Comunicação, se encarregava de falar no assunto e esclarecer os pontos mais importantes do projeto, com diversas inserções na TV extremamente didáticas e quase sempre muito divertidas. Era evidente que a mídia tentava desqualificar o projeto, enquanto a Prefeitura fazia sua defesa e conquistava a população.

Um dos exemplos mais claros dessa tentativa na TV foi o episódio do programa *Fórum*, da TV Cultura, dedicado à discussão do projeto. Comandado por Enio Mainardi, a atração era estruturada em formato de julgamento de tema polêmico, com equipes de defesa e de acusação e um júri diversificado. Logo na abertura do programa, Mainardi anunciava: "o Fórum de hoje vai discutir o programa mais polêmico, o projeto do PT que mexe com a população: a Tarifa Zero, ônibus gratuito para a população".

O secretário, junto com Chico Whitaker e Santo Siqueira, representante dos usuários de ônibus, fizeram a defesa da proposta. Adriano Murgel Branco, ex-secretário municipal e estadual de Transportes, defendeu posição contrária, acompanhado por Getúlio Hanashiro, deputado estadual e ex-secretário municipal de Transportes (governos Mário Covas e mais tarde Paulo Maluf), e Ives Gandra Martins, advogado tributarista. Os contrários centravam-se em criticar a situação caótica nos transportes devido à "incompetência" do Governo Erundina e, portanto, a "Tarifa Zero seria um desastre". Que a "CMTC dava prejuízo", que "se o transporte coletivo fosse de boa qualidade os usuários se disporiam até a pagar uma tarifa maior" e que "a proposta era inconstitucional por vincular impostos municipais", esquecendo-se da estratégia do Fumtran de não se vincular a um único imposto, justamente para não incorrer em inconstitucionalidade.

Seguiram-se debates exaltados, cheios de interrupções, diante de um júri atento, em que os adversários sistematicamente acusavam a Prefeitura de mentir sobre os números, ser demagógica e de piorar os serviços de transportes, além da suposta ilegalidade da proposta. Além de mostrar que a crise, inclusive a da CMTC, era muito anterior ao então governo da cidade, os defensores do projeto sustentavam um novo modo de se entender os transportes e a nova perspectiva de se circular através da cidade, com muito mais inclusão, flexibilidade e distribuição de renda, mediante cobrança progressiva de tributos.

Mainardi, que deveria mediar a discussão com neutralidade, interrompia regularmente os membros da defesa com questionamentos e críticas à Prefeitura. Não fazia o mesmo com os opositores. A tendência era clara: esperava-se que o júri ratificasse o *não*. Mas, apesar de todo o esforço contra a proposta, ao final do programa os sete jurados reunidos deram vitória à Tarifa Zero por 5 votos a 2.

Amplificavam-se na mídia os argumentos da oposição de que "tudo o que é de graça é ruim, inclusive saúde e educação", "desocupados, vagabundos e crianças vão andar de ônibus sem parar, já que é de graça", "o sistema entrará em colapso", entre outros. As mesmas alegações e outras de variado tipo aparecem ainda hoje, mais de 25 anos depois. Não custa lembrar que a Universidade de São Paulo (USP), melhor universidade da América Latina é "de graça", o Hospital

Os trâmites na Câmara dos Vereadores

Parece útil dar alguma informação sobre como os que resistiam à Tarifa Zero conseguiram tristemente que um projeto realmente inovador nem fosse votado. Pesquisa nos arquivos da Câmara identificou o que realmente impediu que o projeto do Fumtran entrasse em pauta de votação no plenário.

A pauta dos projetos que devem ser votados é construída após apreciação das várias comissões da casa.

A primeira comissão a ser consultada, a de Constituição e Justiça, deu inicialmente um parecer contrário ao projeto, o que, segundo o Regimento Interno da Câmara, já o impedia de ser encaminhado às demais. No mesmo dia 17 de dezembro de 1990, porém, essa primeira comissão elaborou novo parecer, já então favorável, atestando a legalidade e a constitucionalidade do projeto. Ou seja, depois de muita discussão, houve uma mudança de posição, visando não paralisar a tramitação do projeto.

No prazo exíguo de que se dispunha, o mesmo resultado não foi possível com a comissão seguinte, a de Política Urbana, Metropolitana e de Meio Ambiente. A resistência ao projeto fez que ela nem mesmo se reunisse, deixando-o sem avaliação. E isso já tornou impossível incluí-lo em pauta (a política como ela é e não como gostaríamos que fosse...). A título de curiosidade, diga-se que a comissão seguinte para a qual o projeto foi enviado já em 1991, de Finanças e Orçamento, deu um parecer contrário, apesar dos votos dos seus membros que eram do PT, o que permitiu quc o prefeito seguinte, Paulo Maluf, pedisse que o projeto da Tarifa Zero fosse retirado de vez da Câmara...

A falta de todos esses pareceres ainda era um problema que poderia ser resolvido com a elaboração de um parecer conjunto a ser discutido e aprovado no próprio plenário da Câmara, às vezes no mesmo dia em que ele seria incluído na pauta, pelos membros das Comissões que não haviam analisado o projeto.

Mas, para isso, é preciso que exista um consenso na casa sobre pelo menos sua inclusão na pauta de votações. E isto, evidentemente, era o que menos desejavam todos os seus opositores, até dentro do próprio PT, especialmente diante do grande apoio popular ao projeto no momento de sua votação. À direção partidária não escapava que a aprovação da Tarifa Zero catapultaria a prefeita Erundina e seu secretário dos Transportes a outros patamares políticos...

das Clínicas da Faculdade de Medicina da USP, o melhor hospital da América Latina, é "de graça" e que idosos, com mais de 60 anos, pobres ou ricos, têm direito a utilizar o transporte público à vontade, com tarifa zero, e nem por isso os ônibus são ocupados por "desocupados e vagabundos".

A Câmara Municipal

Na Câmara Municipal, a oposição se mobilizava contra a proposição, sublinhando que haveria vandalismo, superlotação dos ônibus – uma realidade perversa existente muito antes da proposta – e que o aumento dos impostos era elevado demais para subsidiar uma ideia considerada exagerada, cara e fadada ao fracasso. Ao mesmo tempo, parte da situação não parecia muito confortável em apoiar a Tarifa Zero. No geral, os vereadores petistas achavam que o projeto pioraria a situação já difícil da bancada, e um deles chegou a afirmar em jornal que um projeto como esse não poderia ser discutido em tão pouco tempo. Outros diziam que projetos semelhantes já haviam sido implantados em outras cidades, como Toronto (Canadá), Denver (EUA) e Bolonha (Itália), e não tinham dado certo.

De outra parte, o vereador Chico Whitaker, arquiteto e urbanista, trabalhou ativamente a favor do projeto de lei com argumentos objetivos e fundamentados, baseados em números e análises cuidadosas. Cumprindo seu primeiro mandato legislativo, Whitaker foi convidado pela prefeita para ser líder do governo na Câmara no segundo semestre de 1990 e lançou em novembro daquele ano um exemplar especial da já mencionada publicação de seu gabinete, *Procurando Entender*. O caderno extra, mais extenso que o usual, tratava exclusivamente da Tarifa Zero.

Explicados pedagogicamente, destacavam-se três objetivos centrais da proposta: 1. garantia do direito de locomoção para o trabalho, serviços e lazer; 2. redistribuição mais equitativa dos recursos para garantir o direito de locomoção; 3. melhoria da qualidade do transporte coletivo por ônibus. Asseguraria locomoção a todos, sem distinção, tornando o sistema de transporte coletivo mais justo e mais democrático. Além de listar os pontos polêmicos, discutindo-os um a um, o *Procurando Entender* trazia uma seção sobre os benefícios indiretos da reforma tributária.

Esclarecia-se que todos os sistemas de transporte coletivo, fossem sobre pneus ou sobre trilhos, tinham de ter subsídio dos governos por meio dos impostos pagos por toda a população, ou seja, usar ou não o sistema não implicaria deixar de pagar o imposto relativo aos ônibus, no caso da Tarifa Zero. De mais a mais, a tarifa não poderia ser o único dinheiro responsável por toda a operação, já que seu custo era muito alto.

Estava claro que a proposta era vantajosa para quem andava de ônibus, mas, além disso, a economia que ela propiciava se refletiria no uso da cidade, tornando-o muito mais

Procurando Entender

Contra o argumento de que se o sistema fosse bom todos pagariam uma tarifa mais alta (algo próximo à "tarifa real"), Whitaker alfinetava: "Tais pessoas, que raciocinam como se vivêssemos em países ricos, não se dão conta do caráter excludente dessa sua proposta: se cobrarmos mais do usuário, para melhorar o transporte, quanto mais este melhore, mais elitizado ficará". Para o arquiteto e urbanista, a proposta radicalizava o conceito de tarifa social, desvinculando os custos da operação e combinando uma tarifa invariável (de valor zero) com uma reforma tributária que propiciasse mais recursos para o governo.

Outro argumento importante era o de que, por lei, a Prefeitura deveria destinar 30% de seus recursos arrecadados com educação. O aumento de impostos proposto no projeto Tarifa Zero, portanto, teria o efeito positivo adicional de aumentar a verba para a educação a ponto de zerar o déficit de escolas do primeiro grau, além de melhorar o atendimento em creches.

Quanto às dificuldades previstas, o texto trazia elementos que contradiziam algumas ideias promovidas por antagonistas do projeto. O aumento da demanda não resultaria em colapso do sistema porque fora calculado um aumento da frota com uma alta margem de segurança. Esse cálculo resultaria, ao contrário, numa redução da densidade de passageiros por metro quadrado dentro dos veículos e, assim, em mais conforto para os usuários.

Sobre o vandalismo, contrariamente ao expresso por Zarattini no caderno de debates do PT, afirmava-se que não havia uma lógica clara para que isso ocorresse, pois, enquanto hospitais, cujo serviço público era gratuito, não eram depredados, outros serviços públicos pagos, como orelhões, sofriam danos.

Ao contrário, "as vantagens que terá a população serão tão grandes que ela passará, ela mesma, a proteger essa prestação de serviços, invertendo-se a tendência que existiria de não se valorizar o que não se paga".

O impacto no trânsito, anunciava a publicação, não era uma preocupação de fundo real. Perto dos 200.000 automóveis que entravam por ano em São Paulo, o acréscimo de 4.500 ônibus não seria significativo.

Finalmente, apresentou-se com clareza a questão da CMTC. Como as demais empresas, ela também seria remunerada por custo operacional (também chamado de custo por quilômetro rodado). Isso faria com que deixasse de ser deficitária, porque não operaria apenas as linhas que "não davam lucro".

Os benefícios indiretos da Tarifa Zero foram apresentados juntamente com uma tabela com a análise do IPTU de vários imóveis na cidade de São Paulo combinada com o custo do transporte tarifado antes e depois da reforma. Estabeleceu-se, para efeito de cálculo, um gasto familiar mensal médio de duas pessoas por imóvel. Um valor mensal de CR$ 4.200,00, considerando-se uma tarifa de CR$ 35,00. Com a aprovação do projeto, esse gasto médio seria reduzido a zero e, mesmo com um aumento do IPTU, resultaria num saldo positivo para grande parte dos habitantes da cidade. O IPTU foi calculado com os valores que a Prefeitura cobraria em 1991.

Tomando-se como exemplo uma residência de 120 m^2 no Butantã, que pagava uma parcela mensal de IPTU de CR$ 1.963,10, descontados os CR$ 4.200,00 do não pagamento da tarifa, o saldo seria de CR$ 2.236,81. Já um apartamento de 212 m^2 na Aclimação teria um saldo de CR$ 918,31. Nas regiões mais periféricas, como Ermelino Matarazzo, São Miguel e Guaianazes, o excedente era ainda maior. Uma casa de 81 m^2 em São Miguel teria uma diferença positiva de CR$ 3.746,25; uma de 127 m^2 em Ermelino Matarazzo ficaria com um saldo de CR$ 3.849,48; uma casa de 80m^2 em Guaianazes economizaria CR$ 3.402,51.

flexível, pois mudava a lógica dos deslocamentos permitindo o seccionamento das viagens sem custo adicional, influenciando, portanto, na capacidade de compras dos cidadãos. Todo passageiro poderia fazer escalas para adquirir bens e realizar outras atividades, estimulando a produção e o comércio de mercadorias, de serviços e até a produção cultural.

Um dos aspectos fundamentais da Tarifa Zero era quem pagaria a conta do sistema. Segundo o *Procurando Entender*, a proposta era cuidadosa: "os aumentos de IPTU previstos incidem principalmente sobre os imóveis não residenciais, isto é, utilizados para atividade comercial ou industrial (57% do total a ser recolhido), e sobre os terrenos conservados vazios para fins de especulação (20% do total). Assim, cabe aos imóveis residenciais somente 23% do total a ser recolhido através do IPTU."

Ressalte-se que os aumentos residenciais seriam bastante progressivos, ou seja, os mais ricos pagariam mais que os mais pobres, sendo que 33% das residências permaneceriam isentas; 93,4% pagariam menos de Cr$ 5.440,00 (o salário mínimo então era regulado mês a mês por decreto. Em setembro de 1990, seu valor era de CR$ 6.056,31 e em dezembro do mesmo ano chegou a Cr$ 12.325,60) mensais e apenas 2,1% das residências paulistanas pagariam prestações acima de Cr$ 13.840,00 mensais. Os dados eram "suficientes para desmascarar o autêntico terrorismo que fazem, junto à classe média, os que não querem ver aprovado o projeto da Tarifa Zero".

Aparentemente, o fetiche da tarifa aprisionou, e continua aprisionando, pensamentos e argumentos numa armadilha capciosa.

O economista Paulo Sandroni defende que o IPTU é um imposto bastante progressivo e por isso mesmo uma importante contribuição para fundos de financiamento tarifário. De fato, os dados levantados em pesquisa do jornal *O Estado de S.Paulo* de 13 de agosto de 2016 comprovam essa tese, pois, entre os 2,9 milhões de contribuintes, apenas 22,4 mil detêm 45% do valor imobiliário da cidade. Um total de R$ 740 bilhões que resultam em cerca de R$ 34 milhões para cada um.

A Tarifa Zero não apenas redistribuía os custos do financiamento do sistema para os contribuintes, levando em conta sua renda e capacidade de pagamento, mas ela própria implicaria a redução de parte dos custos do sistema: 20% dos custos totais incorridos eram decorrentes da operação de arrecadação e gestão financeira do sistema e, em boa medida, poderiam ser eliminados; os trajetos das linhas eram (e até hoje continuam) dependentes da lógica do IPK, índice de passageiro por quilômetro de cada linha. Trajetos são definidos não para atender necessidades dos passageiros, mas para incrementar o IPK, de modo a tornar a linha mais lucrativa (ou menos deficitária). Trajetos mais racionais, livres da lógica da tarifa, podem se revelar menos custosos.

Na prática, porém, o resultado das discussões e negociações na Câmara foi que o Projeto do Fumtran (e dos ônibus à Tarifa Zero) nem sequer foi a votação na Câmara.

Ficou claro que esse ganho político não seria dado pelos vereadores à administração petista de Luiza Erundina e que não havia maturidade política suficiente para sua implantação nem mesmo dentro do próprio partido da prefeita, muito embora os cidadãos paulistanos fossem, em sua maioria, a favor da proposta.

O debate permanece

Mesmo renomados estudiosos dos transportes e mobilidade uniram-se e ainda hoje se juntam ao coro de que a Tarifa Zero resultaria em um descontrole total do sistema que o levaria ao colapso, visto que a demanda aumentaria e não seria possível atendê-la adequadamente.

Não se menciona o fato de que na proposta original de 1990 já estava previsto tanto o aumento da frota, com a inclusão de mais de 4 mil ônibus para atender a demanda da época, que já vinha sendo mal servida, quanto o aumento do número de usuários, que seriam atraídos em função da Tarifa Zero. Também não se considerou que qualquer sistema, mesmo o tarifado, deve ser atualizado de acordo com as mudanças no território da cidade, novos fluxos dos passageiros, pontos de interesse, entre tantos outros fatores. Em 2018, alunos da Escola Politécnica da USP produziram um trabalho de conclusão de curso orientado por Zilbovicius denominado "Dimensionamento do sistema de transporte público da cidade de São Paulo na hipótese de tarifa zero: um estudo de viabilidade".[1] O texto atualiza os dados da Tarifa Zero para 2018, estima a demanda com a exclusão da tarifa e dimensiona a frota e os corredores necessários para operar, fazendo, por fim, uma estimação de custo total da operação. Ou seja, nada que não seja plenamente calculável e projetado.

Por outro lado, são inúmeros os textos com as interpretações mais estranhas sobre o projeto ou, no geral, com relação à plena gratuidade nos transportes coletivos. Entre os comentários bizarros há aqueles que aparentemente estão baseados em crenças ou associações inescrutáveis, incompreensíveis. Um ex-diretor da SPTrans, por exemplo, disse que sem tarifa os transeuntes usariam os ônibus para viagens de um ou dois quarteirões, comprometendo a eficácia do sistema. Ao que se poderia acrescentar, jocosamente: e contribuiria para a obesidade da população. Sobre as Jornadas de Junho de 2013, em *blog* do jornal *O Estado de S.Paulo*, o jornalista Edmundo Leite escreveu texto com o título "Delírio da passagem grátis resultou num *impeachment*", no

---

[1] Konishi; Passanante, *Dimensionamento do sistema de transporte público da cidade de São Paulo na hipótese de tarifa zero.*

Da série textos e comentários esdrúxulos

Riqueza da nação no século XXI

No capítulo 9 do livro *A riqueza da nação no século XXI*, Bernardo Guimarães alega, à guisa de exemplo, que uma faxineira deixaria de poder ir ao cabeleireiro em vez de tomar o segundo ônibus em direção ao trabalho, por conta da Tarifa Zero – anteriormente, ela economizava a segunda tarifa, indo a pé, e usava a "economia" no cabeleireiro; essa "economia", com a Tarifa Zero, não seria mais possível *(sic!)*. A argumentação é completamente absurda, visto que o não pagamento de tarifa não limitaria a escolha da faxineira, mas a faria poupar um valor em dinheiro que, este sim, poderia ser usado em variadas situações, sujeitas a escolhas individuais. Ele raciocina com o pagamento do transporte à parte do salário, mais um sintoma da precarização dos serviços domésticos. Trata-se de um discurso no mínimo extravagante contra o projeto e ainda mais chocante porque vindo de um economista PhD em Yale.

Uma leitura neoliberal da Tarifa Zero no transporte

Em seu texto, dentre outras considerações, Joel Pinheiro da Fonseca diz que a Tarifa Zero levaria "a um desperdício incalculável de recursos. O prefeito Fernando Haddad deu a resposta perfeita ao apontar o óbvio: a medida custaria caro – a cifra é estimada em R$ 8 bilhões – e, se a prefeitura gastasse esse dinheiro, ele faria falta em outras áreas". Diz também, ao final: "Na raiz desse sistema defeituoso, está o monopólio imposto pela prefeitura, que impede que a oferta de transportes se adapte à demanda. O preço alto das passagens tem o potencial de atrair empreendedores em busca do lucro, aumentando a oferta até que os preços caiam e o lucro desapareça", além de mais uma série de considerações de feição neoliberal.

Em várias oportunidades, mas sobretudo nas análises de Paul Singer, mostra-se que a gratuidade supõe uma reforma tributária. Tal reforma, na proposta original, resultava no aumento do orçamento como um todo e, por conseguinte, dos recursos para as demais áreas, como saúde e educação. Ademais, como atesta Singer, o mercado dos transportes impede a concorrência estrito senso por ser monopsônio, resultando em áreas com excesso de oferta e outras sem nenhuma oferta de serviço. O Novo, assim, parece estar ultrapassado.[1]

Tempo e trabalho

Ciro Biderman, economista doutorado na Fundação Getulio Vargas (FGV), com pós--doutorado no Massachusetts Institute of Technology (MIT), e ex-assessor do secretário dos Transportes Jilmar Tatto, afirma que um ganho de tempo de viagem de 15 minutos proporcionado por um corredor ou faixa exclusiva seria equivalente à Tarifa Zero, já que, de acordo com o salário médio de São Paulo, são necessários cerca de 15 minutos de trabalho para pagar uma tarifa de ônibus.[2]

Ocorre que a Tarifa Zero não se resume apenas a uma passagem não cobrada, mas a uma nova maneira de se movimentar na cidade, um novo modo de se praticar a cidadania e de se promover justiça social, muito mais democrático e justo, como bem esclarecido por Whitaker em sua publicação dos anos 1990.

---

[1] Fonseca, "Uma leitura liberal da proposta da Tarifa Zero no transporte", *30 diários* [blog], 5 mar. 2016. Disponível em: https://30diarios.wordpress.com/2016/03/05/uma-leitura-liberal-da-proposta-da-tarifa-zero-no-transporte. Acesso em: 30 nov. 2019.

[2] Estimativa baseada em infográfico publicado no jornal *Folha de S.Paulo* em 20 jan. 2015.

qual atribuiu o impedimento de Dilma Rousseff à luta do MPL pela Tarifa Zero nos protestos de 2013. Segundo esse raciocínio, a presidente foi derrubada por manifestações absolutamente democráticas e não por articulações do poder econômico e das velhas oligarquias, vejam só...

Até mesmo as gratuidades parciais, para idosos, estudantes e outras, são alvos de críticas que dizem, por exemplo, que aqueles que têm recursos não deveriam estar contemplados. Pode-se imaginar o que ocorreria se isso fosse aplicado a todos os serviços pagos indiretamente, como coleta de lixo, emplacamento, sinalização viária, tapa buracos, corte de vegetação...

Ressalve-se o estudo "Tarifa Zero e eficiência nos transportes públicos", de autoria de João Luiz da Silva Dias (1991),[2] economista da Fundação João Pinheiro. Diferentemente dos comentários e textos bizarros contra a proposta, o trabalho de Silva Dias simulou quatro cenários tarifários para compreender como a demanda (os usuários, no caso) se comportaria, e, em todos eles, a adoção da tarifa como única fonte de financiamento do sistema demonstrou-se um ineficiente regulador do mercado. Em todas as possibilidades haveria exclusão social e/ou diminuição dos lucros dos empresários, com exceção do cenário simulado com a Tarifa Zero. Tudo isso demonstrado por meio de vários gráficos e simulações de diferentes curvas de oferta e demanda do serviço com

---

2 Disponível em: https://ia600204.us.archive.org/30/items/tarifazero_eficiencia/revista_transportes_publicos.pdf. Acesso em: 14 jan. 2020.

diferentes modos de elasticidade. Não se conhece texto com igual profundidade e seriedade contra a Tarifa Zero.

Tudo isso enfatiza a ideia de que a mobilidade tem muito mais significados sociais do que o simples deslocamento de um ponto a outro.

Governando sem governabilidade: da Tarifa Zero à Municipalização

A relação de forças existente na Câmara, com a bancada do PT sendo minoritária e com dúvidas dentro dela mesma, não permitiu nem mesmo incluir na pauta de votações o projeto do Fumtran, que teria de ser votado ainda em 1990, por interferir no IPTU do ano seguinte. E o que foi possível fazer foi postergar para outro momento a apreciação e votação do segundo projeto enviado pelo Executivo, referente à Municipalização dos Transportes.

Mas não apreciar nem votar a proposta de Tarifa Zero, como prevista no projeto de lei do Fumtran, foi de fato uma saída confortável que a maioria dos vereadores paulistanos encontrou para não implantar o plano nem se indispor com a população: não recairia sobre a Câmara o descrédito por não aprovar o projeto, e ao mesmo tempo não haveria risco de a proposta sair do papel. O simples engavetamento do projeto diminuiria os constrangimentos diante dos eleitores, considerando que 76% eram favoráveis à proposta da reforma tributária que viabilizaria a isenção da tarifa, que

A Tarifa Zero não apenas redistribuía os custos do financiamento do sistema para os contribuintes, levando em conta sua renda e capacidade de pagamento, mas ela própria implicaria a redução de parte dos custos do sistema.

era apoiada por 68%. Apesar das pesquisas, esses vereadores seguiriam os 24% contrários a ela.[3]

Era a comprovação de que o poder estava – e está – com uma minoria que não se constrange em votar contra (ou arquivar) o desejo da maioria.

Como consequência, gerou-se uma frustração popular e uma dívida do Legislativo municipal com a cidade, pois, como se viu, o sistema estava muito ruim, com muitos ônibus clandestinos em mau estado de conservação, superlotação, baixa frequência, entre outras precariedades. Passou-se então a contar com condições favoráveis para a aprovação do outro projeto de lei, que integrava a proposta da Tarifa Zero sem toda sua radicalidade, o da Municipalização. O novo projeto passou a ser na Câmara a alternativa moral para a crise nos ônibus de São Paulo, ora compartilhada com os 53 vereadores da casa, corresponsáveis por agravar as dificuldades nos transportes municipais.

[3] Conforme pesquisa já mencionada da Toledo & Associados, de 1990. Dados detalhados e outras informações estão disponíveis em Singer, *Um governo de esquerda para todos*.

Além disso, o secretário da SMT descobriu que a antiga lei que criou a CMTC em 1946 tinha um artigo segundo o qual, a uma dada tarifa, as empresas que recebiam valor de remuneração muito alto, porque tinham um alto índice de passageiros por km (IPK), deveriam repassar parte desse valor à Prefeitura, diminuindo, portanto, seu lucro. A prefeita Erundina assinou então um decreto determinando esse repasse de recursos das empresas à Prefeitura. Com isso, evidentemente, alguns empresários que resistiam também à Municipalização passaram a ter uma posição mais favorável à proposta. Além disso, havia a experiência positiva com os contratos de emergência feitos na gestão do secretário Ademar Giannini.

A oportunidade estava, portanto, dada. Procurou-se uma fórmula de negociação que levasse à aprovação de um projeto que enfrentasse a situação crítica dos transportes.

Por articulação do líder do governo, foi criado um grupo de cinco vereadores com o secretário de Transportes para discutir uma lei que regulamentasse a Municipalização, apostando no desejo da oposição ao Governo Erundina por encontrar uma saída honrosa que limpasse a mancha da não apreciação do Projeto de Lei da Tarifa Zero.

O grupo era formado por Gregori, Whitaker, José Luis de Andrade Figueira (PMDB), Paulo Kobayashi (PSDB), Antonio Sampaio (PDS) e Antonio Carlos Caruso (PMDB) – os quatro últimos, vereadores da oposição. Foram feitas diversas reuniões para discutir o teor da lei, com participação de diversos especialistas convidados, empresários e diretores da CMTC. Foram debatidos todos os itens do texto, desde prazos e forma de pagamento até exigências para participação na licitação. Nesse processo, vale destacar, houve ganhos e perdas de ambos os lados. O governo, por sua parte, teve que aceitar a exigência da existência de garagem para participar da licitação. Já os vereadores e empresários tiveram de aceitar o prazo de nove dias após as medições para pagamento dos serviços, isso numa época em que as taxas de inflação chegavam a mais de 15% ao mês. O secretário frequentemente consultou a Prefeitura de Santo André, que já havia aprovado e implantado essa nova forma de operação.

Um ponto importante acordado nas discussões foi a transferência de linhas da CMTC, que, como já se disse, operava várias deficitárias. Chegou-se, enfim, a um novo projeto de lei instituindo a Municipalização dos contratos das operadoras de ônibus da cidade de São Paulo, que foi apreciado e aceito pela Câmara com votos contrários de poucos vereadores da oposição, de vereadores do PCdoB, que queriam a estatização do setor, e da bancada do PSDB, com exceção de Paulo Kobayashi. Apesar da resistência de alguns vereadores do PT, a bancada do partido votou a favor da proposta.

A Lei da Municipalização, basicamente, centralizava a arrecadação tarifária na Prefeitura, com as empresas recolhendo o resultado das catracas diariamente à CMTC. Ela também determinava a transferência de linhas da CMTC para as empresas, fossem elas lucrativas ou deficitárias no regime de concessão, e estipulava todo o regramento dos cálculos de custos operacionais e prazos de pagamentos após as medições. Dessa forma, instituía-se a remuneração por custos operacionais, o que passou a ser popularmente chamado de remuneração por quilômetro rodado, o que limita e torna confuso seu entendimento. Na verdade, caso cumprida a quilometragem programada, as empresas receberiam 80% do valor devido. Os outros 20% só seriam pagos se cumprido, também, o número de passageiros transportados previstos, com variação mínima. Isso é muito relevante porque, não faturando a tarifa arrecadada, as empresas poderiam deixar passageiros nos pontos, já que sua remuneração estaria garantida pela simples realização da viagem. O pagamento condicional ao transporte do número de passageiros e a fiscalização asseguravam a prestação do serviço aos usuários de acordo com o contrato assinado.

Paulo Maluf, após eleito, ao criticar a Municipalização, disse que a "remuneração por quilômetro rodado" induzia os empresários a colocarem os ônibus em cavaletes para rodarem e assim faturarem sem gastos e sem transportar nenhum passageiro. Com esse comentário, Maluf comprovou que não tinha entendido nada da Municipalização ou que não podia mesmo ser levado a sério. Se colocados em cavaletes e sem passageiros o máximo que as empresas receberiam seria 80% do devido, como constava da lei e dos contratos, e iriam rapidamente à falência. Além disso, ninguém na Prefeitura faria um contrato que medisse a movimentação pelos odômetros dos veículos, já que estes poderiam ser facilmente alterados. As distâncias percorridas eram (e são) fruto do trajeto preestabelecido da linha servida pelo veículo, multiplicado pelo número de viagens que o veículo realizou nesse trajeto; de nada adiantaria rodar ônibus sobre cavaletes. Para controlar a realização de viagens, verificou-se que todas as linhas passavam em cerca de uma dezena de pontos da cidade. Nesses pontos eram verificadas as passagens de ônibus que tinham partido das garagens e os dados coletados eram enviados ao computador da CMTC para checagem final. Atualmente, com GPS e outras tecnologias, esse controle é banal.

Simplificadamente, a Municipalização significava o fretamento dos ônibus pela Prefeitura, que passava a ser a operadora e proprietária do sistema, responsável por seu planejamento e definição de linhas. Enfim, tirava dos empresários qualquer envolvimento com o sistema em si, deixando-os na posição de simples locadores de ônibus, incluindo o pessoal necessário, para operá-los como determinado pela Prefeitura.

Observe-se que a estatização completa significava, no limite, a necessidade de a Prefeitura ter um gigantesco empate de capital para ser proprietária dos ônibus. Afinal, como e para quê? A frota privada seria desapropriada? Com ou sem indenização? E se fossem indenizadas, quais seriam os recursos para isso? Valeria a pena empatar capital fixo em veículos?

A mobilidade tem muito mais significados sociais do que o simples deslocamento de um ponto a outro.

A questão é que, mesmo estatizada, como queria uma parte dos petistas, o custo operacional do sistema permaneceria semelhante ou aumentaria, visto que a Municipalização incorporou novos ônibus para que se obtivesse uma expressiva melhora nos serviços. Além disso, as estratégias perversas e tradicionais das empresas para reduzirem custos (e terem lucro) deixariam de ser utilizadas: pneus carecas, falta de ônibus, ônibus velhos, viagens não realizadas, lotação extrema. Essas estratégias passaram a ser impedidas pela Prefeitura (por meio da CMTC Gestão) e não faziam mais sentido porque os custos da operação nos níveis de qualidade definidos estavam indicados e eram remunerados conforme os contratos municipalizados.

Parte da esquerda atribuía as mazelas insolúveis do sistema ao fato de ser operado, em sua maioria (2/3), pelo capital privado. O raciocínio político simplificado de setores do partido era de que, "se não é possível estatizar, não é possível melhorar", com o objetivo de enterrar as pretensões da prefeita e prejudicar sua carreira política. Os fatos posteriores, como mostram os dados de avaliação do sistema, apresentados adiante, provaram que essa afirmativa era realmente falsa. Curioso observar que foi no governo do PT de Marta Suplicy que o sistema da Municipalização foi substituído pela remuneração por passageiro transportado. Um verdadeiro absurdo, pois num sistema de transportes o passageiro é receita. Foi significativo no processo da Municipalização o fato de que os vereadores incluíram, no texto da lei aprovada, algo que não havia sido parte das negociações: uma limitação da transferência de linhas da CMTC a cem linhas. A prefeita, irritada, considerou a possibilidade de não aprovar a lei, mas Varoli observou que a inclusão se dera para garantir que a licitação fosse feita rigorosamente dentro do acertado no texto do projeto de lei. Assim, a prefeita aprovou a lei com um veto à inclusão e, feito o edital escrupulosamente legal, a Câmara aceitou a rejeição do artigo. Ou seja, governabilidade inclui o cumprimento rigoroso do negociado e legislado.

Governabilidade sem maioria também implica respeito aos legisladores e aos grupos que representam, o permanente contato direto com a população para captar anseios a serem considerados nas negociações, as quais devem ser levadas com muita habilidade e inclusão de tantas partes quanto possível na discussão e elaboração de projetos de interesse público, conduta praticada pelo Governo Erundina no encaminhamento da Municipalização.

Vale dizer que a Municipalização foi uma lei acordada em determinadas condições político-administrativas e, certamente, muitos aperfeiçoamentos podiam e podem ser feitos em outras condições políticas, por exemplo a exigência de garagens próprias para participação na licitação, algo que foi cogitado para o edital feito mais recentemente, em 2014, mas que não prosperou. Ademais, o então secretário de Governo na gestão de Luiza Erundina, José Eduardo Martins Cardoso, afirmava que a licitação do transporte coletivo urbano não precisaria de lei aprovada pela Câmara dos Vereadores, bastando sua formulação pelo Executivo. Fica aqui colocada a discussão.

Os resultados da Municipalização

A Lei n. 11.037 foi aprovada na Câmara Municipal em maio de 1991 e assinada em 25 de julho do mesmo ano. O novo sistema foi aplicado a partir de janeiro de 1992, após a realização de uma licitação.

Com a Municipalização, a frota foi renovada. A idade média dos ônibus baixou de 6 anos para 4 anos e a circulação aumentou em cerca de 25%, o que reduziu o tempo de espera nos pontos. O número de passageiros por metro quadrado em pé nos horários de pico – que em 1989 era de inacreditáveis 12 passageiros por metro quadrado –, caiu pela metade. Foram criadas 43 novas linhas a partir de reivindicações da população. Também foram concebidas mais de 10 linhas de ônibus com 21 veículos destinados a pessoas com necessidades especiais e 70 ônibus passaram a rodar movidos a gás natural.

A extinção da CMTC

Transformada em operadora municipalizada em 1992, anos depois a CMTC foi privatizada por Paulo Maluf, que criou a SPTrans (São Paulo Transportes) para administrar e gerenciar o sistema de transportes por ônibus. Durante o Governo Erundina, a Diretoria de Gestão da CMTC, sob a direção de Varoli, operava linhas e administrava os contratos com todas as empresas permissionárias do serviço de transporte por ônibus. Ela se transformou em gestora dos contratos novos já sob a lógica da Municipalização. No governo Maluf (1993-1996), essa mesma diretoria foi a base da constituição da SPTrans, que planeja e contrata o serviço até hoje, um desdobramento esperado e correto.

O contrato por fretamento permitiria atribuir à CMTC uma função inédita: a empresa passaria a ser exclusivamente operadora, contratada por custo mais margem adequada de lucro e uma nova empresa pública se encarregaria da gestão. A CMTC deixaria, desse modo, de ser o repositório dos prejuízos do sistema, como explicado anteriormente, passando a ser atraente para os capitalistas interessados em investimentos lucrativos. Essa nova condição permitiria que, em um governo de esquerda de continuidade, a empresa se tornasse exemplar. Uma vez funcionando somente como operadora, seria possível comparar custos e procedimentos administrativos entre as empresas particulares e a estatal, agora livre dos prejuízos compulsórios e do peso da gestão do sistema. No entanto, essas mesmas condições permitiram ao governo Maluf, privatista, extinguir a CMTC e simplesmente transferir as linhas por ela operadas para as empresas privadas.

O novo processo de contratação e remuneração evidenciou que, independentemente das linhas deficitárias, os custos da CMTC superavam os das empresas privadas. Isso por diversos motivos. A companhia, por exemplo, distribuía uniformes aos motoristas e cobradores, o que não era feito pelas empresas. Além disso, a CMTC fazia projetos de interesse do sistema, tal como o redimensionamento das estruturas dos ônibus para suportar as portas à esquerda – o que passou a ser adotado pelos fabricantes de carrocerias. Havia também um certo excesso de funcionários, fruto de barganhas políticas feitas ao longo de sua história. Estas são algumas das causas da diferença de custos. É evidente que, ao deixar claros e transparentes esses aspectos, a Municipalização permitiria a progressiva melhoria da CMTC. Em vez disso, o novo prefeito, Maluf, aproveitou a deixa para extinguir a CMTC operadora.

Outra questão que merece ser citada é que o último pagamento de 1992 foi apenas parcial, pois faltaram recursos orçamentários, algo perfeitamente possível num projeto dessa magnitude e que, normalmente, precisa de ajustes até chegar ao seu melhor desempenho. Mas isso não representava nenhum risco para as empresas nem para o sistema, que tinham condições de suportar esse atraso até a entrada dos valores do orçamento de 1993, o que de fato aconteceu. No entanto, Maluf percebeu a importância que a Municipalização teve para o prestígio de Erundina e desencadeou uma campanha para desmoralizar o sistema, servindo-se do atraso desse pagamento final para lançar suspeitas sobre a licitude da estrutura, como o citado exemplo dos ônibus sobre cavaletes.

Maluf e seu sucessor, Celso Pitta, negociaram com as empresas uma alteração importante nos contratos. Se antes 20% da remuneração das empresas dependia de cumprimento da quantidade de passageiros previstos nas linhas, essa porcentagem aumentou muito e, ao mesmo tempo, se elevou muito o número de passageiros esperados. Dessa maneira, sub-reptícia, logrou-se mudar a lógica da remuneração por custo para instituir, novamente, a remuneração por passageiro. Quanto mais passageiros transportassem, mais seriam remuneradas as empresas. Isso redundou em aumento da lotação dos veículos e queda violenta de avaliação positiva dos ônibus, como mostrado a seguir. Essa forma de remuneração foi definitivamente transformada em lei no ano de 2003, no governo de Marta Suplicy, em substituição à Municipalização.

Não foi à toa que, segundo pesquisa da Associação Nacional dos Transportes Públicos (ANTP), mais de 65% dos passageiros declararam considerar o serviço de ônibus bom ou excelente em 1992, o maior índice já conquistado na história da capital paulista. Ao final do segundo governo do prefeito Pitta, no entanto, a avaliação voltou aos índices de antes da Municipalização – com aumento progressivo da remuneração por passageiro, queda na qualidade dos serviços e ressurgimento dos ônibus clandestinos –, como se pode observar no gráfico a seguir:

AVALIAÇÃO DOS ÔNIBUS MUNICIPAIS CONTRATADOS

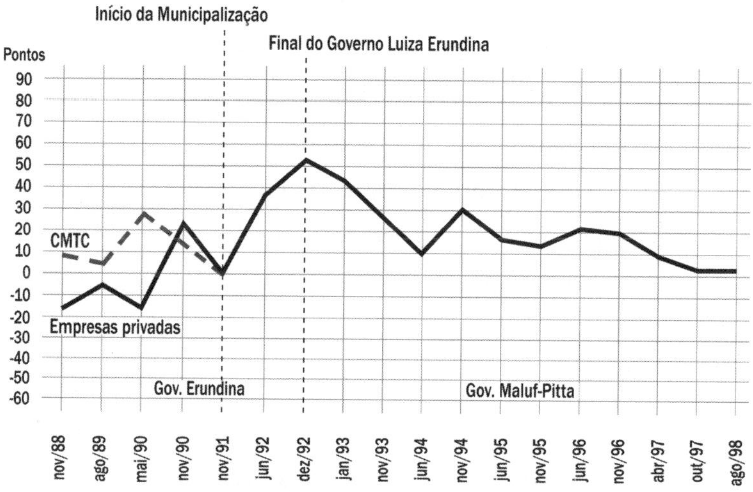

A aprovação dos transportes coletivos teve pico durante o Governo Erundina, conforme dados publicados no jornal *Folha de S.Paulo* de 13 jun. 1999, com base na pesquisa de imagem feita pelo instituto Gallup e coordenada pela ANTP. O índice da imagem varia de -100 a 100 e é composto por porcentagens das diferentes avaliações (excelente, bom, regular, ruim e péssimo), refletindo o contentamento da população com o sistema. A apresentação dos dados no gráfico não está em escala, já que o período de divulgação da pesquisa variou durante a década em questão. Nos primeiros anos a avaliação é composta por duas linhas porque antes da Municipalização o sistema da CMTC era avaliado separadamente. Em 1992, o fato de 65% da população ter avaliado o serviço como bom ou excelente foi decisivo para que o índice ficasse tão alto, com mais de 50 pontos, o ápice no período. Como a curva do gráfico representa a média de todas as avaliações, não só bom e excelente, mas também regular, ruim e péssimo, ter uma aprovação tão alta é o que explica a subida.

Com as novas regras da Municipalização, o controle estratégico dos transportes municipais foi transferido para a Prefeitura, que recebia todo o dinheiro arrecadado nas catracas e nove dias úteis depois repassava os valores para as empresas de acordo com o cálculo do custo operacional de cada linha operada (desde que a operação fosse adequadamente realizada, quanto a horários, número de veículos, atendimento aos passageiros, limpeza, entre outros critérios).

Cabia ao poder público municipal determinar os itinerários das linhas, o número de veículos, os horários de partida, a localização dos pontos e fiscalizar a prestação dos serviços das empresas contratadas. Esse controle já era informatizado. Os dados eram armazenados em microcoletores digitais, depois transferidos para um computador central e verificados com as ordens de serviço emitidas pela Prefeitura.

A reformulação do sistema mostrou como deveria funcionar um serviço público. Todos os ônibus tinham o mesmo logotipo, já que o serviço municipal era prestado mediante o fretamento dos veículos, com motoristas e cobradores. Consagrou-se a ideia de que era um serviço municipal. Também acabou com os clandestinos, que curiosamente foram defendidos por setores da esquerda de São Paulo. Aliás, os empresários dependiam totalmente da Prefeitura por vários motivos, entre os quais a extinção dos clandestinos, que tomavam o espaço das empresas e mordiam, antes dos novos

A Municipalização veio, pois, na onda da crise do sistema e de uma proposta forte, tecnicamente viável e aprovada por parte significativa da população da cidade.

contratos, parte do seu lucro, com um serviço bem mais precário e não controlado.

Publicada no *Diário Oficial*, era preciso efetivar a Municipalização, que seria iniciada com uma licitação para contratação das empresas operadoras. Para tanto, Varoli, diretor de Gestão da CMTC, sua equipe e a assessoria jurídica da companhia redigiram cada parágrafo do edital, que foi aprovado na sequência pelo Tribunal de Contas do Município sem emendas.

No final de 1991, feita a licitação – a segunda maior da história do Brasil até então, ficando atrás apenas de Itaipu – e definidas as empresas vencedoras, foram firmados os contratos. Coube a Varoli assinar pessoalmente cada um deles, orgulhoso com a conquista e entusiasmado com a possibilidade de efetivamente melhorar a qualidade dos transportes para milhões de paulistanos. Diante disso, surgiu uma ideia para divulgar a nova medida: apresentar em grande estilo os novos ônibus em 25 de janeiro de 1992, dia do aniversário de São Paulo. Pintados com a comunicação visual da Municipalização, cerca de mil ônibus foram alinhados em uma grande fila.

Os ônibus, que antes da Municipalização eram pintados de acordo com as cores das empresas e das zonas operadas por elas, passaram a ter uma pintura única, na qual a cor das diferentes zonas aparecia de maneira discreta, sem diferenciação por empresa. A nova comunicação visual mostrava claramente que os veículos faziam parte de um sistema único e padronizado da Prefeitura. O M da Municipalização, desenvolvido pelo *designer* João Baptista da Costa Aguiar, funcionava como uma ondulação geométrica e estilizada, com a cor da região, na faixa vermelha que circundava cada veículo pintado de branco. Sob o logo, definindo o novo sistema, vinham os dizeres "Transporte Municipalizado/Prefeitura Municipal de São Paulo". A marca depois foi eliminada por Maluf, mas a comunicação uniforme, característica do sistema unificado, de certa maneira permanece: os ônibus têm cores diferentes, conforme a região da cidade, mas respeitam certas normas de pintura e de *design*. Felizmente, não se retornou à época em que não havia nenhuma padronização, com *design* e cores de cada empresa, completamente diferente das demais. Ainda permanece a ideia, introduzida pela Municipalização, de que os ônibus de São Paulo formam um sistema e não um amontoado de empresas que fazem o que querem. Foi também nesse período que os táxis passaram a ter a cor branca obrigatória após discussão e negociação da Prefeitura com o sindicato dos taxistas. O PL n. 324/2016 altera a Lei n. 11.086, criada há 25 anos pela ex-prefeita Luiza

Erundina, que instituiu o veículo branco. O novo projeto, decorrente de autorização do prefeito Fernando Haddad para a cor preta, amplia a gama de cores ao permitir a substituição por preto, prata, grafite ou cinza escuro na troca do carro por um veículo zero quilômetro.[4]

Para pôr em prática a exibição dos mil novos ônibus foi preciso articular um complicado processo de produção e organização. Tratava-se de um megaevento ousado: enfileirar dez centenas de ônibus de diferentes empresas, ocupando vias historicamente planejadas para serem utilizadas por automóveis, desde a Zona Sul até a Praça da Bandeira, ao longo de mais de 10 km, passando por pontos históricos como o Aeroporto de Congonhas, Parque do Ibirapuera, Avenida 23 de Maio, Liberdade e centro da cidade.

A operação foi planejada nos meses anteriores e consistiu em organizar a pintura dos veículos dentro do prazo, localizar garagens e definir quais ônibus iriam para qual ponto. A exibição propriamente dita foi executada durante a madrugada de 24 para 25 de janeiro, com o apoio da CET, sob a coordenação de Maria Olivia Guerra Aroucha, engenheira da CMTC, de Paulo de Tarso Venceslau, vice-presidente da companhia, e supervisão de Varoli. Em 25 de janeiro, o espetáculo impactou, rasgando a cidade num sábado claro e

[4] Para maiores detalhes, ver nota de 2019 na *Folha do Motorista*, disponível em: http://www.folhadomotorista.com.br/index.php/sao-paulo/2938-taxi-podera-ser-branco-preto-prata-grafite-e-cinza-escuro.html.

A nova comunicação visual mostrava claramente que os veículos faziam parte de um sistema único e padronizado da Prefeitura.

ensolarado. Surpreendentemente, o fato não foi noticiado na maior rede de televisão do país, a Rede Globo, que silenciou diante de feito tão marcante da prefeita Luiza Erundina.

Ainda que a Tarifa Zero não tenha sido aprovada, os contratos municipalizados permitiam operar algumas linhas sem cobrança de tarifa. Assim, surgiu a ideia de tornar não tarifadas várias linhas de ônibus que ligavam os conjuntos da Companhia Metropolitana de Habitação de São Paulo (Cohab) ao novo terminal de ônibus da Cidade Tiradentes, a ser inaugurado num domingo, deliberadamente coincidindo com o dia de comício do candidato a prefeito Eduardo Suplicy. A Globo, que não havia noticiado o evento dos mil ônibus, acabou divulgando o comício e, ao fazer a cobertura do evento, foi inevitável falar da isenção de tarifa na linha da Cohab. De resto, vale a pena destacar que essas linhas gratuitas não apresentaram nenhum dos problemas e catástrofes previstas por detratores da Tarifa Zero.

Dias antes, em 14 de janeiro, a TV Jovem Pan fizera uma longa reportagem sobre transportes públicos no programa *São Paulo*, comandado por Fábio Pannunzio e Bianca Vasconcellos, na qual, além de explicação detalhada sobre o funcionamento da Municipalização, foram realçadas as melhorias que ocorreriam no sistema municipal de transporte coletivo. A matéria contou ainda com entrevista com o secretário da SMT, que permitiu maior aprofundamento.

A Municipalização era certamente menos gloriosa e disruptiva que a Tarifa Zero, mas foi a política possível na época e resultado de intensa e hábil negociação, muito diversa do chamado toma-lá-dá-cá que tem ocupado grande parte do fazer político, distorcendo justamente sua possibilidade mais democrática.

Sua aprovação deve ser creditada, em grande medida, ao processo político desenvolvido a partir da Tarifa Zero. Alguma coisa precisava ser feita e a prefeita Erundina claramente havia tomado a iniciativa. Seja na oposição, maioria na Câmara dos Vereadores, seja na base dos partidos que apoiavam o governo – mas não a Tarifa Zero na sua totalidade –, todos foram levados a negociar uma proposta que tinha a chancela da área técnica do GT de Transportes do PT, mesmo com esse grupo não participando do governo.

A Municipalização veio, pois, na onda da crise do sistema e de uma proposta forte, tecnicamente viável e aprovada por parte significativa da população da cidade. Ela correspondeu, sem dúvida, a uma saída mediada para uma crise que não mais pertencia apenas à Prefeitura, mas que passou a ser compartilhada com os mais de cinquenta vereadores de São Paulo.

Foi, ainda, a Municipalização que propiciou e fundamentou a proposta de bilhete único usada como carro-chefe da campanha do candidato Eduardo Suplicy na eleição de 1992 e que veio a ser implantado no governo de Marta Suplicy em 2003. Vários outros dados sobre a Municipalização podem ser encontrados na publicação de 1992 da Prefeitura de São Paulo, *Municipalização dos transportes coletivos*, coordenada por Ieda Marques Brito, assessora de comunicação da SMT e responsável por insistir na necessidade de deixar documentação pública sobre tão importante realização. Além disso, foi fundamental o trabalho da assessoria de imprensa, chefiada pelo jornalista David de Moraes, com participação destacada do jornalista Valmeron de Bona, para a divulgação das realizações da Municipalização e da proposta da Tarifa Zero.

A TARIFA ZERO RENASCE

Na página anterior: Ato em favor da tarifa zero, em julho de 2013.
Arte sobre foto de Gianluca Ramalho Misiti / Flickr (CC BY 2.0), disponível em: https://www.flickr.com/photos/grmisiti/8987635518

A Tarifa Zero renasce

A partir de 1992, a Tarifa Zero deixou de ser discutida em profundidade. Ficou como referência, como um episódio do governo de Luiza Erundina.

O tema voltou a ganhar destaque mais de uma década depois. Em 2003, em Salvador, surgiu um movimento que pedia a revogação de um reajuste tarifário, com um número de manifestantes maior que qualquer mobilização por transporte nas três décadas anteriores.

Em certo momento, a direção do protesto fez um acordo com as autoridades, o que desagradou a maioria. As manifestações continuaram e houve uma nova mobilização, posteriormente denominada Revolta do Buzu. Ela apontava para uma organização horizontal na qual não havia hierarquia ou direção, como se daria dois anos depois no Movimento Passe Livre (MPL).

Em 2004, um movimento chamado Campanha pela Revogação da Tarifa, que tinha apoio do Centro de Mídia Independente (CMI) e de outros participantes, fez intensas manifestações em Florianópolis, conseguindo que a justiça cancelasse o reajuste tarifário que o poder público municipal havia proposto.

Durante o Fórum Social Mundial em janeiro de 2005, em Porto Alegre, fundou-se o MPL, que adotava o apartidarismo (não confundir com antipartidarismo) e a horizontalidade nos processos decisórios e em sua organização sem hierarquias. Tudo indicava o nascimento de organizações diferentes das até então conhecidas e de consagrados movimentos sociais e corporativos, associados a entidades hierarquizadas e frequentemente atreladas a partidos políticos.

Em outubro de 2005, quinze anos depois da proposta original da Tarifa Zero, Gregori foi convidado por um membro do MPL, André Takahashi, para um debate sobre a proposta da Prefeitura de Erundina de extinção da tarifa. O encontro aconteceu em uma reunião do movimento no Sindicato dos Jornalistas de São Paulo e contou com participação também do professor da Faculdade de Arquitetura e Urbanismo da Universidade de São Paulo Csaba Déak. Dois temas foram discutidos: a Tarifa Zero e a questão sobre Centro, Periferia e Transporte Público em São Paulo.

O ex-secretário de Erundina encaminhou-se ao debate para expor os princípios da Tarifa Zero e o significado da contratação por custos operacionais, a chamada Municipalização. Em sua fala, criticou a bandeira do passe livre estudantil, luta do MPL de então. Mostrou que nos contratos de concessão se usava o subsídio cruzado, ou seja, o subsídio a algum passageiro em particular resultava no aumento da tarifa para quem pagava. De tal forma, repetia-se e até se aumentava a perversidade do sistema, jogando-se um grupo contra o outro, em geral da mesma classe social. Propôs então que a bandeira do movimento fosse o passe livre universal, ou a Tarifa Zero, projeto que defendera em 1990.

Assim foi que, em 2006, o movimento ampliou a bandeira do passe livre estudantil e adotou a proposta da Tarifa Zero com o nome de Passe Livre Universal. O ex-secretário foi convidado a participar do Encontro Nacional do MPL, realizado na Escola Nacional Florestan Fernandes, do Movimento dos Trabalhadores Rurais Sem Terra (MST), em Guararema, no interior de São Paulo. O termo Passe Livre Universal não pegou e o nome a ser adotado voltou a ser Tarifa Zero.

A luta pela gratuidade universal nos transportes não foi encampada apenas pelo MPL, que se notabilizou ao protagonizar os protestos de 2013. Ela foi também abraçada ou discutida dentro de outros movimentos, como o Tarifa Zero É Mais, de Belo Horizonte.

O resultado é que a questão passou a ser pauta a cada reajuste de tarifa no Brasil. Uma característica que se pode destacar nesse renascimento é que a mobilidade urbana e o transporte coletivo foram entendidos como questões políticas, e não técnicas, como se fazia até então. Uma diferença importante que já se colocava na proposta original da Tarifa Zero de 1990.

Historicamente, a regulação do sistema viário, as tarifas e os projetos dos sistemas de transportes coletivos sempre foram tratados como problemas a serem resolvidos por

Movimentos estrangeiros de caráter semelhante ao MPL

Na Europa existem movimentos assemelhados ao MPL nas reivindicações pela gratuidade dos transportes coletivos. Entre esses, destacam-se o Planka.Nu, na Suécia; o Coletiff sans Ticket, na Bélgica e na França; e o Réseau pour L'Abolition du Transport Payant (RATP), na França, que faz uma paródia com o nome da companhia de transportes de Paris (Régie Autonome de Transport Parisien). Em Aubagne, o lema adotado é Liberté, Égalité, Gratuité (Liberdade, Igualdade, Gratuidade), referência ao Liberté, Égalité, Fraternité (Liberdade, Igualdade, Fraternidade) da Revolução Francesa.

---

especialistas no assunto. As empresas de engenharia de tráfego tinham como meta a fluidez no tráfego e a tarifa deveria garantir o equilíbrio econômico e financeiro do sistema, tendo, portanto, que ser definida por especialistas. O mesmo vale para o traçado e a frequência das linhas. Ou seja, todo o planejamento e projeto do sistema ficava a cargo de técnicos, praticamente sem discussão com os usuários, verdadeiros interessados na questão. Com o renascimento da Tarifa Zero via MPL, um movimento social, e não via poder público, a questão da mobilidade urbana foi recolocada e debatida como questão política, como disputa entre as diversas forças sociais.

Mesmo em seu renascimento, foram muitas as críticas à gratuidade. A tarifa nunca foi tratada como o que de fato ela é no sistema de concessões: um ônus que recai exclusivamente sobre os ombros dos usuários e que barra os que não podem pagar. O pânico dos técnicos em relação ao aumento da demanda por transporte nada mais é do que o reconhecimento de que há os que acabam excluídos do sistema porque não podem pagar a tarifa. Ao se calcular o eventual aumento da demanda provocada pela instauração da Tarifa Zero é preciso considerar que certamente o impacto seria bastante diferente no Brasil em relação a países de renda mais elevada e mais bem distribuída. Não seria de se esperar que, por exemplo, Copenhague, caso adotasse a Tarifa Zero, passasse a ter muito mais passageiros no sistema do que tem hoje. Afinal, as pessoas não querem, em princípio, andar de ônibus; elas querem é mover-se, ser transportadas para chegar a outros lugares. Foi isso que o movimento, em sua atualização da proposta de 1990, pautou nacionalmente a partir de 2013.

O MPL fez e ainda faz manifestações contra todo e qualquer reajuste tarifário, com maior ou menor repercussão. Em alguns casos, conseguiu avanços consideráveis, como no caso de Brasília, em que se conquistou uma política tarifária mais condizente com subsídios. Isso também aconteceu em outras cidades do Brasil.

Por ser um movimento com características distintas dos tradicionais, o MPL trouxe um foco adicional à Tarifa Zero. A proposta adquiriu um contorno de mexer com tudo, o que fica claro em vários de seus bordões, tais como: "Uma cidade só existe para quem por ela pode se locomover"; "Tarifa Zero para todos"; "Tarifa Zero paga pelos ricos"; "Por uma vida sem catracas". Os motes mostram as características que o MPL adquiriu durante a luta para implantar a Tarifa Zero. Também explicitam a verdadeira característica de luta política que a proposta alcançou quando o movimento a adotou.

Destaca-se o lançamento, em 2008, do site tarifazero.org, sob a editoria do jornalista Daniel Guimarães, que, além do Centro de Mídia Independente (CMI), era do MPL de Florianópolis. No *blog*, importantes textos, entrevistas e discussões sobre o tema foram publicados, fazendo com que o espaço se tornasse referência no que diz respeito ao assunto e aos esforços em nome da revogação da tarifa no Brasil. Foi o tarifazero.org que revelou que Agudos (SP) tinha ônibus gratuitos desde 2003 e que em Hasselt, na Bélgica, a ausência de tarifa vigorava desde 1996.

Outro traço importante do MPL é tratar-se de um movimento social que faz uma reivindicação universal. A ideia de que sem transporte não é possível viver na cidade era até então uma ideia inédita para o público em geral. Também era insólito um movimento que afirmasse que uma demanda que nunca fora considerada universal nem

O tema da mobilidade saiu da esfera exclusivamente técnica. Só por esse motivo já se pode considerar um enorme ganho.

fundamental – como o são a saúde, a educação, a habitação e a segurança – era de todos.

Historicamente, a saúde, a educação, a habitação e a segurança apontam para vantagens individuais e, à primeira vista, o mesmo não acontece com o transporte, embora haja evidente melhora no orçamento individual e familiar. É lógico que no detalhe existem ganhos individuais também, mas está claro, em exemplos de tarifa zero nos transportes, que os gastos com mobilidade urbana poderiam ser feitos para alavancar outros aspectos da economia além das empresas do transporte coletivo, como já se afirmava no mencionado *Procurando Entender*, que o site tarifazero.org republicou. Basta lembrar do caso de Santa Bárbara D'Oeste. A cidade tinha isenção tarifária aos sábados desde o início de 2013 e suspendeu o serviço porque a Câmara Municipal não aprovou os recursos para manter o projeto. Matéria da Rede Globo local mostra o presidente da associação comercial descontente com a suspensão, pois o movimento no comércio e serviços havia caído 15%.

Ou seja, os ganhos são coletivos e também individuais.

Das várias manifestações do MPL, merecem destaque as de 2013, conhecidas como Jornadas de Junho, por conta da repercussão nacional e das múltiplas interpretações posteriores. Elas se iniciaram da mesma maneira que todas as outras, com centenas a milhares de manifestantes. Historicamente, tais mobilizações sempre contaram com a participação de vários partidos políticos, com exceção dos partidos vinculados ao prefeito ou governador do momento.

Assim, em 2011, nas manifestações feitas contra o aumento proposto pelo prefeito de São Paulo, Gilberto Kassab, líderes e vereadores do PT participaram. Em 2013, esses mesmos personagens não estavam lá e muitos criticaram os protestos.

Nos protestos de 13 de junho de 2013 em São Paulo, a Polícia Militar, sob o controle do governador Geraldo Alckmin (PSDB), atacou os manifestantes e atingiu gravemente um jornalista. A violência contra um trabalhador da imprensa e as declarações presidenciais de que as manifestações de rua fazem parte do sistema democrático fizeram com que a mídia, que vinha tratando o movimento como baderna e barbárie, passasse a repercutir os protestos em outra escala e com outra leitura, incensando o movimento.

Por outro lado, os oponentes mais à direita do espectro político e adversários da presidente Dilma Rousseff (PT) vislumbraram uma oportunidade de atacar a administração petista por meio das manifestações. Até porque Rousseff mostrou em três oportunidades sua preocupação com a questão tarifária e as manifestações: uma vez quando, em dezembro de 2012, solicitou que prefeitos e governadores não fizessem reajustes tarifários para não agravar a inflação. Numa segunda vez quando, diferentemente de governadores e prefeitos, defendeu a legitimidade das manifestações em pronunciamento em rede nacional no horário nobre. E, numa terceira oportunidade, foi a única autoridade que convidou o MPL para uma reunião. Isto ajudou a direita a dizer que a crise estava associada à Presidência da República e seus partidários e foi utilizado para dizer que o MPL era contra a esquerda institucionalizada.

O que também estava na pauta em 2013 e foi agregado às manifestações contra o aumento das tarifas foram obras e gastos com a Copa do Mundo. As camadas médias exigiam "padrão Fifa" (Federação Internacional de Futebol) para todo o serviço público. O acordo social-democrata dos governos federais petistas começava a fazer água quando essas camadas – as mais presentes nas manifestações de 2013 – se sentiram livres para soltar seus preconceitos, justificadas pelo tempero da corrupção do PT, e ligar-se a outra política. Nesse processo, foram acompanhados por parte da camada média baixa, coloquialmente chamada de classe C, que deu o tom das manifestações e se aliou à extrema direita.

Até hoje persistem interpretações muito críticas a 2013, como a do ex-presidente Luiz Inácio Lula da Silva. À revista *Fórum*, em 11 de dezembro de 2019, ele declarou o seguinte: "As manifestações de 2013 foram feitas já fazendo parte do golpe contra o PT. Elas já foram articuladas para garantir o golpe. Elas não tinham reivindicações específicas. As manifestações começaram como parte do golpe, incentivadas pela mídia brasileira e incentivadas, acho que inclusive, de fora para dentro. Eu acho já que teve o braço dos Estados Unidos nas manifestações do Brasil."[1]

Certamente a história de 2013 seria outra se, por exemplo, prefeitos petistas tivessem se reunido com o MPL, que pediu uma reunião em São Paulo, tivessem revogado o aumento da tarifa e anunciado um esforço para criar novas fontes de recursos para subsidiar crescentemente as tarifas e, no limite, implantassem a Tarifa Zero. No final das contas, em 2014, ano das eleições presidenciais, o reajuste da tarifa, aparentemente tão necessário, não aconteceu: não houve aumento tarifário de ônibus municipais comandados pelo governo petista nem no metrô paulistano, este último comandado pelo governo do PSDB. Mas persistem, também, outras interpretações.

De acordo com muitos analistas, 2013 representou uma ruptura com o equilíbrio de forças a que se chegou após 1988, e um novo arranjo político ainda pode levar muito tempo para se consolidar. É isso que vivemos hoje no Brasil, no governo ultraliberal de Jair Bolsonaro, eleito em 2018

[1] Disponível em: https://revistaforum.com.br/videos/forum-onze-e-meia-i-entrevista-com-lula-o-ultimo-ataque-da-lava-jato-governo-bolsonaro-datafolha-e-eleicao-de-2020. Acesso em: 14 jan. 2020.

> Ao se confrontar com a estrutura social dominante no Brasil, portanto, a Tarifa Zero encontrou a margem política imposta por uma rede de forças contrárias à alteração de uma ordem secular na qual os mais pobres só podem se deslocar com muito custo – pessoal e financeiro – para trabalhar e reproduzir o capital alheio, enquanto os mais ricos e escolarizados acessam a cidade não só por obrigação, mas para desfrute e prazer.

com propostas de privatização radical de empresas estatais, reformas que arrocham e tiram direitos dos trabalhadores, políticas de desmonte da universidade pública e da pesquisa no país, entre outras medidas absolutamente destrutivas, inclusive do meio ambiente.

Independentemente disso, o fato é que o final dos movimentos de 2013 só se deu quando os aumentos tarifários foram revogados em mais de cem cidades do país. Somente meses depois surgiram novos movimentos, entre eles os da Copa do Mundo, além de outros.

Além disso, como mais uma consequência vitoriosa dos movimentos antitarifários de 2013, a Proposta de Emenda Constitucional n. 90 (PEC-90) de setembro de 2011, de autoria da agora deputada federal Luiza Erundina, instituindo o transporte como direito social, ganhou velocidade para sua apreciação e acabou por ser definitivamente aprovada.

O transporte passou a ser um direito social incluído na Constituição Federal em 15 de setembro de 2015.

Pode-se dizer então, independentemente de outras considerações, que o MPL foi vitorioso nos movimentos de 2013, tanto quando se revogaram os aumentos como quando o transporte foi incluído como direito social.

Ressalte-se que, na Lei da Mobilidade Urbana de 2012, a questão da mobilidade urbana, o uso do viário e a tarifa passaram, então, a ser tratados como questão política, e política nacional. Essa foi uma inflexão do poder público, algo que não se restringiu ao movimento popular que era o MPL. Ou seja, o tema saiu da esfera exclusivamente técnica. Só por esse motivo já se pode considerar um enorme ganho, ainda que continue existindo, sobretudo nas esferas governamentais locais, uma abordagem majoritariamente técnica – no mais das vezes tecnocrática.[2]

É o que se vê, por exemplo, na quantidade de regras que existem para o Bilhete Único em São Paulo e as idas e vindas sobre o uso do passe livre estudantil, entre outras questões. A narrativa e a ação técnicas são bastante convenientes para o controle e a vigilância das individualidades e dos corpos das

[2] No artigo 4º, inciso VI, da Lei da Mobilidade Urbana (Lei n. 12.587/2012) consta que "transporte público coletivo é serviço público de transporte de passageiros acessível a toda a população mediante pagamento individualizado, com itinerários e preços fixados pelo poder público". Ou seja, segundo a lei, a tarifa é parte integrante do sistema público. Melhor seria se a redação dissesse que transporte público coletivo é aquele que pode ser acessado por qualquer cidadão, mediante pagamento ou não de tarifa.

pessoas, algo muito característico do sistema político-social vigente, como diz o filósofo Paulo Arantes.

A junção da Tarifa Zero, uma proposta revolucionária, com o Movimento Passe Livre, um movimento com características atípicas, parece ter reforçado as manifestações contrárias extravagantes, já mencionadas anteriormente, em capítulos de livros, entrevistas e artigos publicados por economistas, administradores e jornalistas. Por outro lado, também propiciou o aparecimento de inúmeros trabalhos acadêmicos que exploraram mais a fundo a questão da mobilidade e da tarifa, alguns deles de integrantes e ex-integrantes do MPL.

Diante dessas considerações, cabe perguntar: a que se deve o renascimento da Tarifa Zero?

A IMPORTÂNCIA DOS TRANSPORTES COLETIVOS URBANOS E OUTRAS CONSIDERAÇÕES

Ná página anterior: Passageiros esperando o ônibus, em 1991.
Arte sobre foto do Museu SPTrans dos Transportes.

A importância dos transportes coletivos urbanos e outras considerações

Afinal de contas, qual o significado dos transportes coletivos urbanos para o sistema econômico presente? O tema é central. O país só funciona se os transportes coletivos funcionarem. Se forem paralisados, ainda que só por alguns dias, tudo para e a economia colapsa. Essa percepção foi e continua a ser explorada pelo poder econômico. É usada até hoje no Brasil não só para gerar mais dinheiro para alguns poucos, como também para manter o país sob controle. É evidente que o assunto é de extrema importância, um negócio de expressão nacional que mexe com questões estratégicas do país. Tanto é assim que a Secretaria Especial de Mobilidade Urbana do Ministério das Cidades (Semob) publicou em 2018 um caderno técnico denominado *Gestão do sistema de transporte coletivo público*.

O texto foi desenvolvido por empresa contratada, com equipe formada por dezenas de pessoas, e traz um equívoco grave ao tratar das desvantagens da remuneração por serviço. Segundo o documento,[1] nesse modelo de remuneração faltaria incentivo à eficiência da operação, dado que o operador recebe pela quilometragem percorrida. Aparentemente os responsáveis pelo estudo desconhecem o que é remuneração

[1] Caderno disponível em: https://www.mdr.gov.br//images/stories/ArquivosSEMOB/ArquivosPDF/eficiencia/publicacoes/resumoexecutivocadernotecnicodereferenciagestaodosistemadetransportepublicocoletivo.pdf.

por serviço. Como já foi dito, não é por quilometragem, mas por custo. Assim, repetem o discurso de Maluf.

A formulação da política de concessões para os serviços de transporte coletivo desempenhou e desempenha um papel importante no nosso capitalismo funcionalmente atrasado, que o sociólogo Francisco de Oliveira chamou de "ornitorrinco". Resultado da base escravista e do posterior desenvolvimento do capitalismo brasileiro a partir do início do século XX, mantido inclusive nos governos progressistas, o modelo tem suas particularidades. A miséria e os formalmente excluídos, figuras emblemáticas do modo de produção capitalista no Brasil, são partes indispensáveis do funcionamento de um sistema que é, ao mesmo tempo, atrasado e atualizado/internacionalizado. Um complexo que aprofunda desigualdades e, perversamente, inclui todos em uma engrenagem constituída por circuitos de comercialização, e que perpetua a característica escravagista estrutural de segregação da sociedade brasileira. A face perversa do "ornitorrinco" se verifica nos dados do Instituto Brasileiro de Geografia e Estatística (IBGE) divulgados em 27 de setembro de 2019 e publicados pela *Folha de S.Paulo* no dia seguinte: do total da população brasileira que trabalha, 41,4% estão na informalidade. Nada menos do que 38,8 milhões de pessoas. Ao mesmo tempo, quase 12% dos brasileiros estão desempregados e, destes, 26,2% estão há mais de dois anos sem trabalho.[2] Pode-se imaginar o que é fazer entrevistas de trabalho no território da Grande São Paulo sem renda regular e com uma tarifa que em 2019 era de R$ 4,30?

Paralelamente, de acordo com Helio Jaguaribe, predomina no Brasil um capitalismo do tipo cartorial, encostado no Estado, como no caso dos transportes coletivos. Também é preciso considerar que, no final do século passado, como apontado por Ignácio Rangel em 1980,[3] muitos capitalistas já estavam supercapitalizados com os recursos de gigantescos contratos públicos, enquanto o Estado, sobretudo pela tributação regressiva e não progressiva, encontrava-se sem fundos suficientes. Esse é o contexto que serviu de base para se falar em privatização de tudo. Os empresários não têm mercado – ou não querem ter – para investir em atividades privadas de risco e buscam ativos públicos. Trata-se de uma nova versão do encosto no Estado.

Uma outra modalidade são as Parcerias Público-Privadas (PPPs), em muitas das quais o capital privado, além de não correr riscos, tem primazia nos rendimentos. Um exemplo clássico desse formato de capitalismo sem riscos é o da privatização das rodovias e a PPP da Linha Amarela

---

[2] Segundo reportagem de Arthur Cagliari publicada na *Folha de S.Paulo* em 28 set. 2019. Disponível em: https://www1.folha.uol.com.br/mercado/2019/09/queda-de-desemprego-a-nivel-pre-crise-so-vira-em-2024-dizem-economistas.shtml. Acesso em: 14 jan. 2020.

[3] Textos de Ignácio Rangel e sua história de vida em Faro; Sinelli, *Ignácio Rangel*. Disponível em: https://www.insightnet.com.br/Livros/IGNACIO_RANGEL.pdf. Acesso em: 14 jan. 2020.

do Metrô de São Paulo. Nesta última, o contrato prevê remuneração por passageiro transportado, com reajuste anual de seu valor independentemente da tarifa e prioridade no caixa único das arrecadações do Metrô de São Paulo.[4] Um exemplo da distorção do que é a social-democracia nacional, peessedebista e adjacências.

No estilo cartorial, os contratos de concessão clássicos eram de risco praticamente nulo. Não por outra razão, empresas prestam serviços em áreas das cidades por centena de anos. Sempre a mesma empresa, na mesma região!

Tal cenário, evidentemente, significa uma enorme penúria para a maioria das pessoas. Manifesta-se em forma de miséria, desemprego, habitações precárias, fome, violência, entre outras mazelas. A lógica encontra-se funcionalmente incorporada ao sistema para sua plena realização, acarretando concentração de renda e, ao mesmo tempo, redução ao mínimo da possibilidade de cidadania. Uma precariedade perversa que se torna clara na questão dos contratos de ônibus de São Paulo, em que a Prefeitura se mete no que se pode chamar de "camisa-de-onze-varas" ao oferecer para os empresários contratos longuíssimos. Trata-se de uma imensa vantagem que resulta em lucros enormes, ao custo de um

---

[4] Ver: "Remuneração de linha privada do Metrô sobe três vezes mais que número de passageiros". *Rede Brasil Atual*, 14 set. 2017. Disponível em: https://www.redebrasilatual.com.br/politica/2017/09/remuneracao-da-linha-privada-do-metro-sobe-tres-vezes-mais-que-numero-de-passageiros. Acesso em: 14 jan. 2020.

serviço muito pior do que poderia ser oferecido e de uma tarifa altíssima para os usuários. Por que fazer isso assim?

No fretamento, o risco, necessário em um capitalismo que se possa considerar de fato capitalista, decorrerá de um prazo curto de contratação cuja concorrência se faz com frequência. Só para se ter uma ideia, em Londres, metrópole com cerca de 14 milhões de habitantes, os contratos celebrados são válidos por cinco anos renováveis por mais dois anos em diferentes áreas, de modo a haver licitações anuais de até 20% dos contratos que podem ser ajustadas conforme as inovações e demandas urbanas.[5] A Municipalização pode ser entendida simplificadamente como um sistema de fretamento. Afinal, qual o grande conhecimento de transportes necessário para alugar ônibus para as prefeituras? Tão somente gerenciar compra e venda de ônibus, administração de pessoal, de garagens de manutenção e administração financeira. Não são necessários os empreendedores especialistas em transportes *stricto sensu*.

Firmados em 2003, os mais recentes contratos para a operação de ônibus em São Paulo venceram em junho de 2013 e até o final de 2018 não se conseguiu fazer nova licitação. Lançada no início de 2019, a nova licitação foi suspensa logo depois pelo Tribunal de Contas do Município. Em setembro de 2019, foram assinados contratos por 15 anos. Até então, os ônibus de São Paulo estavam funcionando por

---

[5] Ver: Radomysler, *A qualidade no sistema de transporte coletivo urbano*.

meio de contratações de emergência. A licitação é a de maior valor da história do país, maior do que a da usina de Belo Monte, e, segundo a proposta feita em 2015, os novos contratos seriam fechados por vinte anos, algo totalmente incompreensível e injustificável, considerando-se a velocidade das alterações tecnológicas e as novas dinâmicas da cidade.

O prazo de dez anos mais cinco de renovação, adotado em 2003 no governo Marta Suplicy (PT), foi alterado para vinte anos, renováveis por mais vinte (!), em 2014, no governo Haddad, também do PT. Por iniciativa do líder do governo, o artigo 7º foi incluído como um jabuti[6] no projeto de lei que regulava os terminais de ônibus. Essa manobra sutil influenciou diretamente as licitações e alterou com força de lei o prazo contratual dos ônibus. O TCM contestou essa mudança, por ter sido feita pelo Legislativo em assunto que, segundo decisão judicial, só pode ser alterado pelo Poder Executivo.

Sem entrar em detalhes da concorrência, a Prefeitura de São Paulo faz uma licitação basicamente por fretamento, retomando princípios da Municipalização, mas introduzindo um certo prêmio por produtividade do serviço que estimula o prestador de serviço a lotar os ônibus. O problema maior, no entanto, são os prazos, tão longos que acabam com

---

[6] "Jabuti" é uma manobra que consiste em inserir em leis ou projetos de lei dispositivos alheios à matéria original.

o risco, além dos cortes de linhas que não foram debatidos com a população usuária.

A alteração na forma de remuneração das empresas em 2003, quando passou a ser por passageiro transportado, é uma deformidade: como se sabia desde os contratos municipalizados de 1991, passageiro é receita, não é custo, portanto não faz qualquer sentido remunerar as companhias de ônibus de acordo com o número de usuários transportados. Custo diz respeito aos contratados que operam o sistema, remunerados pelo serviço prestado – os veículos operando segundo ordens de serviços emitidas pelo poder público com uma taxa de lucro que justifique a aplicação de capital e o risco (muito baixo). Receita do sistema, no entanto, diz respeito à contratante do serviço, a Prefeitura, por meio da empresa SPTrans. Concorre no mesmo sentido o fato de que o valor dessa remuneração é altíssimo. No informativo mensal da SPTrans de julho de 2017, consta que o índice de passageiro por quilômetro (IPK) dos consórcios variou entre 2,7 e 4,3. Considerando-se, por exemplo, a Viação Sul, com IPK de 3,4 do consórcio e remuneração por passageiro de 3,04 com uma tarifa de R$ 3,80 à época, a receita por quilômetro fica em R$ 10,33. Para se ter uma ideia do descalabro dessa remuneração, as transportadoras de ônibus fretados cobravam em 2017 cerca de R$ 5,00 por km rodado para prestar serviço de aluguel de ônibus.[7] O pagamento por passageiro é um ótimo negócio para as empresas, péssimo para a Prefeitura e ainda pior para os passageiros que se apertam em ônibus lotados e pagam altas tarifas.

Permanecemos no que Jaguaribe chamou de capitalismo de encosto. Por isso, a Tarifa Zero, com a Municipalização e prazos contratuais não muito longos, assume as proporções de proposta *comunista* e dá margem a críticas descabidas, como as já citadas.

Para completar o ciclo de propostas equivocadas entre problema e solução, há um movimento de prefeitos que defendem a municipalização da Contribuição de Intervenção no Domínio Econômico dos Combustíveis (Cide-combustíveis). A Cide-combustíveis é uma contribuição conjuntural, ou seja, não é medida tributária, tanto que ela pode ser reduzida a zero por decreto. Assim, é difícil entender por que defendem tal ideia em vez de fazerem uma proposta de reforma tributária, em que os impostos sobre combustíveis sejam redimensionados e redistribuídos. Está provado que a incidência do reajuste tarifário é maior no cálculo da inflação do que os aumentos dos combustíveis.[8]

No vale-transporte em São Paulo, o trabalhador que ganha salário mínimo participava com 20,5% dos custos em 2005 e

---

[7] Dados obtidos em *Tabelas de frete*. Disponível em https://www.tabelasdefrete.com.br/planilha/onibus-urbanos/35. Acesso em: 14 jan. 2020.

[8] Segundo estudo de 2013 da Fundação Getulio Vargas. Fonte: www.prefeitura.sp.gov.br/cidade/secretarias/comunicacao/noticias/?p=154318. Acesso em: 20 jan. 2020.

em 2014 com 36,8%. Ademais, o trabalhador que ganha salário médio (valor de R$ 2.222,00 em 2015) contribuiu com 80% dos custos do vale, enquanto o empregador com apenas 20%.

Muito mais eficaz seria a taxa de transporte em função do número de trabalhadores ou ainda sobre o faturamento. Até lá, que se atenda a reivindicação da Frente Nacional de Prefeitos para que o vale-transporte seja pago às prefeituras e o trabalhador tenha uma tarjeta para utilizá-lo.

Apesar do discurso contra os carros, estudo da Pesquisa Origem Destino (OD) de 2017 indica que, nas famílias de renda entre R$ 2.000,00 e R$ 3.800,00, as viagens de carro cresceram 82% e as de motocicleta 77%. O curioso é que na renda média mensal de R$ 11.400,00 as viagens de carro caíram 49% e as de metrô aumentaram 5,7%. Certamente consequência dos governos federais petistas, em que os mais pobres tiveram um aumento significativo de renda e entraram no consumo reproduzindo o imaginário dominante. Em contrapartida, não se mexeu na renda dos mais ricos, um fenômeno bem descrito nos trabalhos de André Singer como redistribuição sem conflito. O feito, entretanto, é como prestidigitação. Não há redistribuição sem explicitação de diferenças e sem conflito, e essa foi uma das marcas da Tarifa Zero, que, ao evidenciar o enfrentamento, foi politicamente inviabilizada.

Isso tudo vai mostrando o peso que o transporte coletivo urbano tem na economia e funcionamento das cidades e do próprio país, e como tem sido tratado de modo equivocado e confuso, para se dizer o mínimo. Isso dá o que pensar. Em que século estamos nessa matéria? Aparentemente não estamos no século XXI, pois nem sequer chegamos ao século XX.

Um exemplo desse atraso brasileiro no que diz respeito à mobilidade é o caso da Light (São Paulo Tramway, Light and Power Company), que fez uma proposta de metrô em São Paulo em 1925. Claro que os donos da companhia canadense possuíam terrenos na cidade e sabiam que a infraestrutura metroviária valorizaria suas terras, mas um metrô iniciado nos anos 1920 seria hoje provavelmente muito mais extenso e de enorme interesse para a cidade.

Alegando que era uma empresa estrangeira, a Prefeitura paulistana não aceitou a proposta e nos anos 1970 a empresa foi estatizada. Um nacionalismo curioso, pois trata-se da expressão de um jogo de interesses no qual os protagonistas são apenas os detentores do capital e seus setores mais atrasados. Tudo a fim de garantir esquemas estabelecidos, enquanto quem paga o alto preço de um serviço precário com altas tarifas são os usuários. Isso desembocou em São Paulo no quebra-quebra de 1947, anteriormente citado.

O tema dos transportes coletivos é frequentemente tratado como questão, digamos, bizarra, ou seja, de modo distorcido. Assim, editorial publicado em 2019 na *Folha de S.Paulo* com o título "Os donos da rua"[9] parece transferir

---

[9] Editorial da *Folha de S.Paulo* publicado em 4 ago. 2019. Disponível em: https://www1.folha.uol.com.br/opiniao/2019/08/os-donos-da-rua.shtml. Acesso em: 14 jan. 2020.

os problemas nos contratos com a Prefeitura quase exclusivamente ao que o jornal denomina barões do transporte em outra reportagem.[10] Como se prefeito, secretário dos Transportes e a própria (des)organização do Estado brasileiro não fossem corresponsáveis pelos desacertos citados. Curioso lembrar que essa alcunha foi criada por Maluf ao criticar a Municipalização e dizer aquela já mencionada bobagem do rodar sobre cavaletes.

Não bastasse o tom de quase caricatura com que é abordado o assunto, nos comentários típicos dos tempos neoliberais que vivemos vem a eterna ideia de permitir a livre concorrência no setor de transportes coletivos, como no já citado texto de Joel Pinheiro da Fonseca. Isso é impossível, posto que o mercado de transportes de passageiros é monopsônio, o inverso de monopólio. Significa que, deixadas à livre concorrência, certas áreas com bastante passageiros terão superoferta, enquanto outras, de baixa demanda, simplesmente não receberão qualquer proposta. Isso foi tentado em Londres e em Santiago do Chile, por Margaret Thatcher e Augusto Pinochet, respectivamente, e o resultado foram ofertas nas áreas mais utilizadas e falta delas nas pouco movimentadas. Tais sistemas foram removidos e em Londres hoje opera-se por custos operacionais, com contratos semelhantes à Municipalização.

---

[10] Reportagem do jornal *Folha de S.Paulo*. Disponível em: https://www1.folha.uol.com.br/cotidiano/2019/08/novo-sistema-de-onibus-de-sp-entrava-em-falta-de-renovacao-das-empresas.shtml

Quando a questão não é apresentada de forma bizarra, o tratamento dado pela mídia para gratuidades é de apenas ressaltar o "prejuízo". É o que se observa em notícia do Portal G1 sobre o projeto de lei que garante passe livre a estudantes de cursinhos populares: "estudo realizado pela SPTrans afirma que o passe livre geraria impacto de R$ 103 milhões por ano aos cofres públicos. De acordo com o órgão, os novos custos teriam de ser transferidos em parte ou em sua totalidade para a tarifa cobrada dos usuários."[11] Na realidade, o passe livre não acarretaria custos adicionais para o sistema de ônibus, mas provocaria uma perda de receita de R$ 103 milhões aos cofres públicos.

A reportagem poderia mostrar qual a questão central e dizer que a perda de receita poderia ser coberta com recursos da Prefeitura, oriundos de impostos ou de verbas publicitárias em terminais, pontos de ônibus e veículos. Propagandas, por exemplo, dos cursinhos e de universidades. Hoje, em função da Lei Cidade Limpa, essas são das poucas publicidades permitidas na cidade, ao lado dos relógios de rua. No entanto, não se fala da destinação dessa receita.

Além disso, cabe dizer que parte dos recursos que os estudantes economizam em passagens de ônibus é gasto em atividades que recolhem Imposto Sobre Serviços (ISS),

---

[11] Ver: "Câmara de SP aprova projeto que dá passe livre a estudantes de cursinhos populares". *G1*, 17 out. 2019. Disponível em: https://g1.globo.com/sp/sao-paulo/noticia/2019/10/17/camara-de-sp-aprova-projeto-que-da-passe-livre-a-estudantes-de-cursinhos-populares.ghtml. Acesso em: 14 jan. 2020.

retornando ao tesouro municipal. Mas a notícia prefere enfatizar o suposto prejuízo trazido pela gratuidade.

Para justificar o alto valor tarifário, frequentemente os governos municipais dizem que os reajustes estão abaixo da inflação. Em janeiro de 2020 a cobrança passou para R$ 4,40. Considerando o Índice Nacional de Preços ao Consumidor Amplo (IPCA), o valor corrigido da tarifa, de julho de 1994 a 31 de dezembro de 2019, deveria ser de R$ 3,10. Mesmo considerando o Índice Geral de Preços - Mercado (IGP-M), a tarifa ficaria em R$ 4,12. Não há base para justificar um reajuste superior.[12]

Muitas vezes, o tratamento da mobilidade é feito por meio de *slogans* da moda, como, "um futuro desejado em que a mobilidade urbana será compartilhada, conectada, inclusiva, multimodal mas também sustentável e eficiente".[13]

A mobilidade, na verdade, é um enorme negócio e é sempre vendida associada a avanços tecnológicos, inovação, modernização, entre outras ideias de progresso. Atualmente, diante do esgotamento do modelo baseado no carro com motor a explosão, repete-se a formação de um imaginário atualizado que resolveria todos os impasses. Claro está que

---

[12] Dados obtidos com a calculadora do cidadão do Banco Central do Brasil. Disponível em: https://www3.bcb.gov.br/CALCIDADAO/publico/corrigirPorIndice.do?method=corrigirPorIndice. Acesso em: 23 jul. 2020.

[13] Ver: "Fórum de segurança no trânsito, mobilidade e inovação". *Folha de S.Paulo*, 4 nov. 2019. Disponível em: https://www1.folha.uol.com.br/seminariosfolha/2019/11/futuro-desejado-e-multimodal-compartilhado-e-sustentavel.shtml. Acesso em: 20. jul. 2020.

essa criação omite os problemas que poderão ocorrer. Por isso, fala-se em carros elétricos limpos, em pequenos carros que não ocupam espaço, em carros compartilhados ou não e no uso de aplicativos, entre outras novidades. Há, contudo, pouca análise sobre os efeitos que essas soluções podem trazer; sobretudo se desenvolvidas dentro da perspectiva de lucro e vantagens empresariais.

O uso do Waze e outros aplicativos de rotas, por exemplo, faz com que se trafegue por vias antes praticamente não utilizadas por automóveis. Como a lógica dos programas é tempo e fuga de congestionamentos, pode-se imaginar as cidades com todas as ruas praticamente ocupadas por automóveis, pequenos, limpos, compartilhados ou não, além dos ônibus. Não é por outra razão que, em seminários sobre mobilidade urbana, agora existem mesas de debates sobre marketing da mobilidade e avanços tecnológicos. Torna-se comum o dito "propriedade não, mas serviço", que desqualifica a propriedade do automóvel em benefício dos proprietários dos serviços de mobilidade. O certo seria falar em "propriedade não, mas direito". Trata-se, portanto, de um negócio gigantesco, pois este, sim, pela lógica do capitalismo praticado no Brasil, não pode parar.

Além de um grande negócio em nosso modo de produção, bem observado e dominado por prestadores de serviço de ônibus e agora pelos operadores de avanços tecnológicos, mobilidade é a possibilidade de vivência, usufruto e decisões sobre o território da cidade. Ou seja, é uma questão de cidadania e de organização de interesses públicos e privados. É expressão de imaginários e redes de desejos, fluxos e embates. O conceito se opõe frontalmente ao que Fabio Gandour, ex-CEO da IBM, expôs no Seminário sobre Mobilidade Urbana promovido pelo jornal *O Estado de S.Paulo* em 2018. Para o executivo, "mobilidade é uma questão muito bem definida em um capítulo da matemática chamado topologia, que busca estabelecer percursos entre pontos A e B",[14] uma clara manifestação da tecnicalidade matemática alheia aos processos humanos.

Nada mais afastado do que se procurou discutir ao longo do livro e se propôs aqui como reflexão. A ousadia da Tarifa Zero decorre justamente dessa compreensão mais alargada do fenômeno da mobilidade. Não se trata, aliás, apenas de travar uma guerra contra os automóveis, engano que pode desembocar em propostas equivocadas como o pedágio urbano. A cobrança ao final transforma a rua – pelo Código Civil um bem de uso comum do povo – em mercadoria escassa valorizada e cobrada, ou seja, tudo que os neoliberais desejam.

Essa ousadia só se fez possível por causa de uma série de fatos que permitiam uma certa independência. Em primeiro lugar, Luiza Erundina era de uma tendência minoritária

---

[14] Conforme texto sobre o evento publicado em 22 de março de 2018: https://sao-paulo.estadao.com.br/noticias/geral,transito-e-desafio-matematico-diz-cientista,70002237373.

dentro do partido e vencera as eleições correndo por fora. Gregori, Varoli, Zilbovicius e Whitaker, embora à época filiados ao PT, também não participavam da direção ou de correntes partidárias dominantes. Eram verdadeiros *outsiders*. Naquele momento, não havia nada a perder com a radicalidade das propostas. Ao contrário, havia muito a ganhar em conquistas sociais e transformações mais profundas, no sentido de se praticar os avanços políticos que eram pensados abstratamente na militância.

Essa independência foi vital para o surgimento da Tarifa Zero, embora, no período atual, em que a política – no sentido mais amplo e profundo da palavra – é execrada, isso exija esclarecimentos. Os conservadores frequentemente também lançam mão de supostos *outsiders*. Na verdade, projetam *insiders* radicais quando querem realinhar e reenquadrar o modo de produção, vendendo esses personagens como gestores apolíticos. Não se trata, pois, aqui, da atualmente enaltecida independência em relação ao universo da política. Longe disso! Nesse caso, essa independência é a afirmação da política como lugar privilegiado do debate e da transformação, mesmo (ou talvez principalmente) quando esse espaço não é oficial ou partidário, possibilitando argumentações autênticas e debates genuínos. É na política compreendida como oportunidade de discussão, de qualificação de disputas e diferenças que podem ser efetivadas mudanças mais profundas, porque é nela que essas nuances se mostram com clareza e os limites e fraturas da estrutura social são expostas e passíveis de alteração. Longe, pois, da governabilidade acima de tudo e a qualquer preço.

A Tarifa Zero, com a consequente Municipalização, como tantas outras iniciativas e realizações da gestão de Erundina aqui enunciadas, mostra que é possível governar sem a proclamada governabilidade baseada nas trocas mais variadas com o Poder Legislativo, que é possível mesmo sem maioria no parlamento e sem um amplo acordo de convivência com os dominantes. A Tarifa Zero abala um imaginário manipulado, construído como se no Brasil não existisse preconceito, segregação, racismo e outras intolerâncias. Na Tarifa Zero, todos foram, de fato, tratados da mesma forma. O preconceito socialmente incorporado no país ficou explícito quando os críticos da proposta fizeram o enfrentamento de modo oblíquo, sem que os verdadeiros problemas e conflitos fossem encarados.

O projeto coloca em pauta uma discussão sobre como se pode chegar a uma sociedade em que valores coletivos prevaleçam sobre mesquinharias individuais ou de pequenos grupos poderosos.

No Brasil, a partir dos anos 2000 houve uma total desarticulação da classe trabalhadora. Desde 2016, as reformas mais destruidoras das garantias e justiça sociais passam incólumes no Congresso Nacional, sem que sejam feitas propostas concretas de avanço social. Salvo algumas exceções, a esquerda permanece em posição de defesa e de conservação do que já foi conquistado. Literalmente numa posição conservadora. Curiosamente, por outro lado, os ultraconservadores fazem o discurso das reformas.

Encampado por jovens interessados em fazer um novo tipo de política, sob novos paradigmas de organização, proposição e participação, o renascimento da Tarifa Zero certamente foi favorecido por esse momento de crise dos setores progressistas. Talvez exatamente por isso a repressão às primeiras manifestações do MPL em 2013 tenha sido mais intensa do que o habitual. O fato é que ali havia proposição clara, mobilização, espírito jovem e algo com que a esquerda no poder não sabia lidar. Isso deixou o flanco aberto para manipulações por movimentos retrógrados apoiados pela grande mídia.

Nos anos 1990 e ainda hoje, os limites da Tarifa Zero, como já observado, são políticos e não técnicos. A viabilidade financeira e de operação do projeto foi comprovada por cálculos e planilhas, didaticamente explicados no citado trabalho realizado na Escola Politécnica da USP.[15] Foi, ainda, verificada no sucesso do estabelecimento da gratuidade em muitas cidades do mundo. A Tarifa Zero altera a política tributária, obrigando a efetiva progressividade dos

[15] Konishi, Passanante, *Dimensionamento do sistema de transporte público da cidade de São Paulo na hipótese de tarifa zero*.

impostos, que, ao lado dos direitos trabalhistas e sociais, constituem as condições básicas para a possibilidade de uma efetiva democracia.

Se os chamados excluídos estão, na realidade, inseridos no sistema produtivo brasileiro, reproduzindo o capital e sua hierarquização, isso significa que todos estão incluídos no mundo da mercadoria. Daí porque muitos, como o MPL, lançam a ideia de que "transporte coletivo não é mercadoria", como originalmente colocado na proposta da Tarifa Zero. E, de fato, agora, desde setembro de 2015, o transporte tornou-se um direito social garantido na Constituição Federal.

Ao se confrontar com a estrutura social dominante no Brasil, portanto, a Tarifa Zero encontrou a margem política imposta por uma rede de forças contrárias à alteração de uma ordem secular na qual os mais pobres só podem se deslocar com muito custo - pessoal e financeiro - para trabalhar e reproduzir o capital alheio, enquanto os mais ricos e escolarizados acessam a cidade não só por obrigação, mas para desfrute e prazer. Dentro dessa mesma estrutura incluem-se a apropriação dos espaços e serviços públicos por poucos privilegiados que não têm interesse em dividir coletivamente suas regalias e muito menos em pagar a conta comum de um sistema que continuamente os beneficia.

A Tarifa Zero recoloca a pergunta da clássica citação de Milton Friedman de que "não existe almoço grátis". O que de fato interessa é que, se a sociedade quer prover almoços, eles têm um custo, que não necessariamente precisa ser coberto por quem precisa almoçar. Quem paga a conta? A resposta é clara. É preciso tributar mais quem tem mais, cobrar menos de quem tem menos, isentar quem tem pouco e viabilizar a cidade para todos. Precisamente o oposto do que efetivamente existe no país, onde, de acordo com reportagem do *G1* publicada em 25 de setembro de 2017, a parcela mais pobre paga 32% de tudo que recebe sob a forma de tributos, enquanto os do topo da pirâmide destinam apenas 21% de sua renda para pagar impostos.[16] Segundo o relatório *A distância que nos une: um retrato das desigualdades brasileiras*, da ONG britânica Oxfam, os de renda mais baixa também pagam mais impostos indiretos (aqueles cobrados sobre produtos e serviços), os quais correspondem a 28% de tudo que ganham os mais pobres e a apenas 10% do que ganham os mais ricos.

No mesmo sentido, matéria do jornal *O Estado de S.Paulo* de 17 de setembro de 2019 mostra que os brasileiros que recebem altos salários pagam 32% menos imposto que a mesma camada em países mais industrializados, como Alemanha, Canadá, Estados Unidos, França, Itália, Japão e Reino Unido. Nesses países, a alíquota mais alta do imposto chega a mais de 40%, enquanto no Brasil o máximo cobrado

---

[16] Fonte: Laporta, "Super-ricos pagam menos tributos que os 10% mais pobres, diz estudo". *G1*, 25 set. 2017. Disponível em: https://g1.globo.com/economia/noticia/super-ricos-pagam-menos-tributos-que-os-10-mais-pobres-diz-estudo.ghtml. Acesso em 30 jul. 2020.

é de 27,5%. Trata-se de um sistema injusto, com pouca progressividade do imposto sobre a renda e forte tributação sobre o consumo, o que recai principalmente sobre os que têm menores rendimentos.[17]

Curiosamente se debate hoje no Congresso uma reforma tributária que simplifica a taxação existente, algo realmente importante, mas que não propõe a indispensável progressividade efetiva e a correção de grotescas proteções aos mais ricos, como a isenção de imposto de renda sobre dividendos, estranhamente decretada no governo de Fernando Henrique Cardoso. Onde está uma proposta de reforma tributária de natureza estrutural e não apenas conjuntural, preconizada pelas forças ditas de esquerda e que seja objeto de ampla mobilização de rua?

Diante de tudo que se apresentou, a publicação deste livro tem como objetivo aprofundar o debate e avançar na questão da mobilidade urbana numa perspectiva de mudança estrutural. Propõe-se um novo ordenamento da questão dos transportes urbanos, dando conta do seu financiamento a partir de impostos progressivos, mas também resolvendo o problema das regiões metropolitanas, que não são instância de governo, mas têm questões de escala que ultrapassam os municípios. Os tesouros municipais não podem financiar

---

[17] Fonte: Nascimento, "Brasil é um dos países que menos cobram impostos sobre renda no mundo, diz pesquisa". *Estadão*, 17 set. 2019. Disponível em: https://economia.estadao.com.br/noticias/geral,brasil-e-um-dos-paises-que-menos-cobram-impostos-sobre-renda-no-mundo-diz-pesquisa,70003013207. Acesso em: 14 jan. 2020.

obras como as do Metrô, concentradas nos estados e na União, e isso é um problema. É necessária, nesse sentido, a criação de um Fundo Nacional de Financiamento das Tarifas de Transportes Coletivos Urbanos que contribua para qualificar a batalha para se extinguir as tarifas, além da regulamentação do texto de 2015 sobre o transporte como direito social na Constituição Federal, tal como já começa a acontecer na Comissão de Legislação Participativa da Câmara dos Deputados.[18] Em campo ampliado, é crucial a abertura de um leque de discussão sobre a questão da governabilidade, perspectivas e possíveis práticas para conquistar avanços estruturais em nossa sociedade capitalista extremamente atrasada e retrógrada. Pretende-se, portanto, defender uma política propositiva e ousada, que tensione os obstáculos que a luta política impõe. Melhor isso que se limitar à luta pela conservação de conquistas, o que, no campo político, resulta em uma política conservadora.

Foi nos transportes que a Tarifa Zero mostrou do que é capaz, mas ela não é uma solução apenas para essa área. É, acima de tudo, um método de articular a luta concreta por direitos contra a resistência conservadora por meio de uma proposição de solução clara, objetiva e tecnicamente viável. Deve ser reconhecida como instrumento e estratégia política.

---

[18] Ver estudo do Instituto Nacional de Estudos Socioeconômicos em: https://www.inesc.org.br/criacao-de-um-fundo-de-financiamento-do-transporte-publico-possibilita-tarifa-zero-diz-estudo.

Em tempos de degradação dos partidos, de necessidade de criação de novos espaços de construção política e de mobilidade de ideias, existe um horizonte para a Tarifa Zero. A experiência passada da proposta por um lado, e a resposta que ela dá ao dilema da social-democracia *versus* revolução, como uma ponte no sentido da transformação revolucionária, por outro, precisam ser consideradas, assim como o fato de ser uma política universal e não sindical ou identitária. Ainda há futuro para a Tarifa Zero como luta pela cidadania e como método político. Não é pouco.

Mais dia, menos dia, veremos ônibus elétricos autônomos circulando por aí sem motorista. Para quem?

De preferência para todos, com Tarifa Zero. E logo!

AGRADECIMENTOS

Na página anterior: Ônibus com a nova identidade visual, em 1993.
Arte sobre foto do Museu SPTrans dos Transportes.

Agradecimentos

A Luiza Erundina de Sousa, por confiar no projeto desde 1990 e ainda hoje emprestar sua esperança à Tarifa Zero e a este livro. A Juca Kfouri, pelo prefácio de craque. A Marilena Chaui, Paulo Arantes, Paulo Itacarambi e Paulo Sandroni, por nos concederem seu precioso tempo em entrevistas e debates de ideias. E aos amigos que, por diversos caminhos, contribuíram para a realização deste livro: Muna Zein, Ivo Patarra, Sergio Bolliger, Renata Soares Neto, Heloisa Sandoval Gregori, Stella Whitaker, Pedro Chaltein, Gracia Oshiro e Roldão Soares.

BIBLIOGRAFIA

Na página anterior: Ônibus na Avenida Celso Garcia, em 1992.
Arte sobre foto do Museu SPTrans dos Transportes.

Bibliografia

Acervos

Acervo Cedesp/Cedem – Unesp

Lucio Gregori – Acervo pessoal

Márcia Sandoval Gregori – Acervo pessoal

Mauro Zilbovicius – Acervo pessoal

Museu SPTrans dos Transportes Públicos Gaetano Ferolla

Livros, artigos e reportagens

BIDERMAN, Ciro. Vem pra rua! Por mais qualidade no transporte público. *GVExecutivo*, v.12, n.2, p.54-7, jul./dez. 2013. Disponível em: https://www.researchgate.net/publication/263926784_vem_pra_rua_por_mais_qualidade_no_transporte_publico. Acesso em: 20 jan. 2020.

BRITTO, Ieda Marques (Coord.). *Municipalização dos ônibus da cidade de São Paulo*. São Paulo: Secretaria Municipal de Transportes do Município de São Paulo, 1992.

CAGLIARI, Arthur. Queda de desemprego a nível pré-crise só virá em 2024, dizem economistas. *Folha de S.Paulo*, 28 set. 2019. Disponível em: https://www1.folha.uol.com.br/mercado/2019/09/queda-de-desemprego-a-nivel-pre-crise-so-vira-em-2024-dizem-economistas.shtml. Acesso em: 14 jan. 2020.

CÂMARA de SP aprova projeto que dá passe livre a estudantes de cursinhos populares. *G1*, 17 out. 2019. Disponível em: https://g1.globo.com/sp/sao-paulo/noticia/2019/10/17/camara-de-sp-aprova-projeto-que-da-passe-livre-a-estudantes-de-cursinhos-populares.ghtml. Acesso em: 14 jan. 2020.

CARRANÇA, Thais. Tarifa Zero, do PT de Erundina ao PT de Haddad. *Fórum*, 11 jun. 2013. Disponível em:

http://www.revistaforum.com.br/2013/06/11/tarifa-zero-do-pt-de-erundina-ao-pt-de-haddad. Acesso em: 2 mar. 2017.

COSTAS, Ruth. Tarifa Zero no transporte público: como pagar a conta. *BBC Brasil*, São Paulo, 19 jan. 2016. Disponível em: http://www.bbc.com/portuguese/noticias/2016/01/160119_tarifa_zero_ru. Acesso em: 14 fev. 2020.

CRIAÇÃO de um fundo de financiamento do transporte possibilita tarifa zero, diz estudo. *Inesc*, Brasília, 2019. Disponível em: https://www.inesc.org.br/criacao-de-um-fundo-de-financiamento-do-transporte-publico-possibilita-tarifa-zero-diz-estudo. Acesso em: 10 fev. 2020.

DEBATES sobre o Projeto Tarifa Zero. São Paulo: Diretório Municipal do Partido dos Trabalhadores, 1990.

DIAS, João Luiz da Silva. Tarifa Zero e eficiência nos transportes coletivos. *Revista dos Transportes Públicos – ANTP*, ano 14, n.53, p.71-94, set. 1991. Disponível em: https://ia600204.us.archive.org/30/items/tarifazero_eficiencia/revista_transportes_publicos.pdf. Acesso em: 14 jan. 2020.

ESTUDO da FGV diz que aumento da gasolina pode reduzir tarifa de ônibus. Disponível em: https://www.prefeitura.sp.gov.br/cidade/secretarias/comunicacao/noticias/?p=154318. Acesso em: 20 jan. 2020.

FARO, Luiz Cesar; SINELLI, Mônica. *Ignácio Rangel*: elogio à ousadia. Curitiba: Insight, 2014. Disponível em: https://www.insightnet.com.br/Livros/IGNACIO_RANGEL.pdf. Acesso em: 14 jan. 2020.

FONSECA, Joel Pinheiro da. Uma leitura liberal da proposta da Tarifa Zero no transporte. *30 diários* [*blog*], 5 mar. 2016. Disponível em: https://30diarios.wordpress.com/2016/03/05/uma-leitura-liberal-da-proposta-da-tarifa-zero-no-transporte. Acesso em: 30 nov. 2019.

FÓRUM de segurança no trânsito, mobilidade e inovação. *Folha de S.Paulo*, 4 nov. 2019. Disponível em: https://www1.folha.uol.com.br/especial/2019/transito-mobilidade-inovacao. Acesso em: 14 jan. 2020.

GESTÃO do Sistema de Transporte Coletivo Público. *Caderno da SeMob*, Brasília: Ministério das Cidades. Disponível em: https://mdr.gov.br/images/stories/ArquivosSEMOB/ArquivosPDF/eficiencia/publicacoes/moexecutivocadernotecnicodereferenciagestaodosistemadetransportepublicocoletivo.pdf. Acesso em: 14 jan. 2020.

GREGORI, Lucio. Mobilidade e transportes coletivos urbanos e metropolitanos, uma questão política. *Cadernos de Ciências Sociais*. Sociedade em convulsão e resistências/ Colegiado de Ciências Sociais da Fafil, Centro Universitário Fundação Santo André, n.4. São Paulo: Porto de Ideias; Santo André: Centro Universitário Fundação Santo André, 2013.

GREGORI, Lucio. Transportes coletivos urbanos e mobilidade, uma questão política. [Ensaio]. *Reconstruindo paisagens*: desafios socioespaciais para a Grande Florianópolis. Florianópolis: Editora da UFSC, 2013.

GREGORI, Lucio et al. *Tribuna de debates*: Debates sobre o projeto tarifa zero. São Paulo: Diretório Municipal do PT/SP, 1990.

GREGORI, Márcia Sandoval. *Mobilidade, imaginário e representação na cidade de São Paulo (1968-2015)*: materialidades e ações no território do Butantã. São Paulo, 2018. Tese. (Doutorado em Arquitetura e Urbanismo) – Universidade Presbiteriana Mackenzie.

GUIMARÃES, Bernardo. *A riqueza da nação do século XXI*. São Paulo: Beĩ, 2015.

HELSINKI Eyes Tallinn's Free Public Transport Plans. *Uutiset*, 26 set. 2012. Disponível em: https://yle.fi/uutiset/

osasto/news/helsinki_eyes_tallinns_free_public_transport_plans/6310994. Acesso em: 14 fev. 2018.

KONISHI, Danilo Maldonado; PASSANANTE, Fábio. *Dimensionamento do sistema de transporte público da cidade de São Paulo na hipótese de tarifa zero*: um estudo de viabilidade. Orientador: Mauro Zilbovicius. São Paulo, 2018. Trabalho de Conclusão de Curso (Graduação em Engenharia Naval) – Universidade de São Paulo.

KOWARICK, Lucio; SINGER, André. Experiência do Partido dos Trabalhadores na Prefeitura de São Paulo. *Novos Estudos Cebrap*, São Paulo, n.35, mar. 1993. Disponível em: http://novosestudos.uol.com.br/v1/contents/view/548. Acesso em: 20 set. 2016.

MARICÁ anuncia Tarifa Zero no transporte público. *Portal EBC*, 13 dez. 2014. Disponível em: http://www.ebc.com.br/cidadania/2014/12/marica-anuncia-tarifa-zero-no-transporte-publico. Acesso em: 14 fev. 2018.

LAPORTA, Taís. Super-ricos pagam menos tributos que os 10% mais pobres, diz estudo. *G1*, 25 set. 2017. Disponível em: https://g1.globo.com/economia/noticia/super-ricos-pagam-menos-tributos-que-os-10-mais-pobres-diz-estudo.ghtml. Acesso em: 30 jul. 2020.

LEITE, Edmundo. Delírio da passagem grátis resultou no *impeachment*. *Estadão*, 31 ago. 2016. Disponível em: https://brasil.estadao.com.br/blogs/edmundo-leite/delirio-da-passagem-gratis-resultou-num-impeachment. Acesso em: 20 jan. 2020.

MARX, Karl. *O capital*. Vol. I: Livro Primeiro. O processo de produção do capital. São Paulo: Nova Cultural, 1996. [Coleção “Os economistas”].

NASCIMENTO, Talita. Brasil é um dos países que menos cobram impostos sobre renda no mundo, diz pesquisa.

Estadão, 17 set. 2019. Disponível em: https://economia.estadao.com.br/noticias/geral,brasil-e-um-dos-paises-que-menos-cobram-impostos-sobre-renda-no-mundo-diz-pesquisa,70003013207. Acesso em: 14 jan. 2020.

OS DONOS da rua. Editorial. *Folha de S.Paulo*, 4 ago. 2019. Disponível em: https://www1.folha.uol.com.br/opiniao/2019/08/os-donos-da-rua.shtml. Acesso em: 14 jan. 2020.

PROGRAMA Lugares da Memória. *Cemitério Dom Bosco*. Memorial da Resistência de São Paulo, São Paulo, 2014.

NEDER, Vinícius. 25 anos do Plano Real: IPCA acumulado desde 1994 é de 508,23%. *O Estado de S.Paulo*, 10 jun. 2019. Disponível em: https://economia.estadao.com.br/noticias/geral,25-anos-do-plano-real-ipca-acumulado-desde-1994-e-de-508-23,70002915705. Acesso em: 10 fev. 2020.

NUZZI, Vitor. André Singer e o novo conflito da distribuição de renda. *Jornal GGN*, 20 jun. 2013. Disponível em: http://jornalGGN.com.br/politicas-sociais/andre-singer-e-o-novo-conflito-da-distribuicao-de-renda. Acesso em: 20 jan. 2020.

PATARRA, Ivo. *O governo Luiza Erundina*: cronologia de quatro anos de administração do PT na cidade de São Paulo 1989-1992. São Paulo: Geração, 1996.

RADOMYSLER, Guilherme N. *A qualidade no sistema de transporte coletivo urbano rodoviário*: o caso de São Paulo. Orientador: Mauro Zilbovicius. São Paulo, 2015. Trabalho de Conclusão de Curso (Engenharia de Produção) – Escola Politécnica da Universidade de São Paulo.

REMUNERAÇÃO de linha privada do Metrô sobe três vezes mais que número de passageiros. *Rede Brasil Atual*, 14 set. 2017. Disponível em: https://www.redebrasilatual.com.br/politica/2017/09/

remuneracao-da-linha-privada-do-metro-sobe-tres-vezes-mais-que-numero-de-passageiros. Acesso em: 14 jan. 2020.

RIBEIRO, Giovani Espíndola. *Transporte público como direito social*: regulação e financiamento do transporte por ônibus municipal em São Paulo de 1988 a 2015. Campinas, 2015. Trabalho de Conclusão de Curso (Graduação em Economia) – Unicamp.

SANTINI, Daniel. *Passe livre*: as possibilidades da tarifa zero contra a distopia da uberização. São Paulo: Autonomia Literária, 2019.

SINGER, Paul. *Introdução à Economia Solidária*. São Paulo: Fundação Perseu Abramo, 2002.

SINGER, Paul. *Um governo de esquerda para todos*. Luiza Erundina na Prefeitura de São Paulo (1989-1992). São Paulo: Brasiliense, 1996.

TABELA de frete. Disponível em: https://www.tabelasdefrete.com.br/planilha/onibus-urbanos/35. Acesso em: 14 jan. 2020.

TARIFA Zero no transporte? Cidade da Estônia mostra que sim, é possível! *Cidades Sustentáveis*, 5 maio 2014. Disponível em: http://www.ecodesenvolvimento.org/posts/2014/tarifa-zero-no-transporte-cidade-mostra-que-sim-e/popup_impressao. Acesso em: 14 fev. 2018.

TÁXI poderá ser branco, preto, prata, grafite e cinza escuro. *Folha do Motorista*. Disponível em: http://www.folhadomotorista.com.br/index.php/sao-paulo/2938-taxi-podera-ser-branco-preto-prata-grafite-e-cinza-escuro.html. Acesso em: 14 jan. 2020.

TRUFFI, Renan. Maricá, a cidade do passe livre. *Carta Capital*, 4 fev. 2015. Disponível em: https://www.cartacapital.com.br/sociedade/marica-a-cidade-do-passe-livre-4100. Acesso em: 14 fev. 2014.

WHITAKER, Francisco. *Planejamento*: sim e não (um modo de agir num mundo em permanente mudança). Rio de Janeiro: Paz e Terra, 1983.

WHITAKER, Francisco. *Procurando Entender*. Publicação do Gabinete do Vereador Chico Whitaker, n.12, nov. 1990.

ZILBOVICIUS, Mauro; GREGORI, Lucio. Tarifa do transporte e o que está por trás dela. *Carta Maior*, 2 ago. 2013. Disponível em: http://www.cartamaior.com.br/?/Editoria/Politica/Tarifa-do-transporte-o-que-esta-por-tras-dela-/4/28451. Acesso em: 5 ago. 2013.

Sites, blogs, vídeos e programas de TV

FÓRUM. Ônibus grátis. Programa de debates. Direção: Flavia Lima. Apresentação: Enio Mainardi. São Paulo: TV Cultura, 1990. Acervo pessoal de Lucio Gregori.

MUNICIPALIZAÇÃO dos ônibus de São Paulo. Vídeo promocional da PMSP. São Paulo: Prefeitura Municipal de São Paulo, 1992. Disponível em: https://www.youtube.com/watch?v=BqWYe7mvtAY. Acesso em: 14 jan. 2020.

SÃO Paulo. Programa Jornalístico. TV Jovem Pan. Apresentação: Fabio Pannunzio e Bianca Vasconcellos. São Paulo: Jovem Pan, 1992. Acervo pessoal de Lucio Gregori.

TARIFA ZERO. [*blog*]. Disponível em: http://www.tarifazero.org. Acesso em: 6 mar. 2017.

TERMINAL Grajaú, humilhação coletiva. Diretor: [s.n.] Produtor: [s.n.] Documentário. São Paulo, 2013. Disponível em: https://www.youtube.com/watch?v=cuXKJvLHUgM. Acesso em: 20 jan. 2018.

Pesquisas

Pesquisa de opinião pública "Tarifa Zero". São Paulo: Toledo & Associados, Consultoria de Comunicação, 1990. Acervo Cedesp; Cedem - Unesp.

Projetos de lei, editais, leis e contratos

CONTRATO n. 702/2003. Contrato de concessão de serviço de transporte coletivo urbano de passageiro na cidade de São Paulo da área 02.

EDITAL de concorrência n. 012, de 27 de dezembro de 2002. Dispõe sobre a concorrência para outorga da concessão do serviço de transporte coletivo público por passageiros, em áreas do subsistema estrutural, na cidade de São Paulo.

LEI n. 9.503, de 23 de setembro de 1997. Institui o Código Nacional de Trânsito. Disponível em: http://www.planalto.gov.br/ccivil_03/leis/L9503Compilado.htm. Acesso em: 18 fev. 2017.

LEI n. 11.037, de 25 de julho de 1991. Dispõe sobre o Sistema Municipal de Transportes Urbanos, e dá outras providências. Prefeitura Municipal de São Paulo, 1991. Disponível em: https://leismunicipais.com.br/a/sp/s/sao-paulo/lei-ordinaria/1991/1103/11037/lei-ordinaria-n-11037-1991-dispoe-sobre-o-sistema-municipal-de-transportes-urbanos-e-da-outras-providencias. Acesso em: 20 jan. 2017.

LEI n. 12.587, de 3 de janeiro de 2012. Institui as diretrizes da Política Nacional de Mobilidade Urbana. Disponível em: http://www2.camara.leg.br/legin/fed/lei/2012/lei-12587-3-janeiro-2012-612248-normaatualizada-pl.pdf. Acesso em: 20 jan. 2015.

LEI n. 13.241, de 12 de dezembro de 2001. Dispõe sobre a organização dos serviços do Sistema de Transporte Coletivo Urbano de Passageiros na Cidade de São Paulo, autoriza o Poder Público a delegar a sua execução, e dá outras providências.

LEI n. 16.211, de 27 de maio de 2015. Dispõe sobre a concessão, precedida ou não de execução de obra pública para administração, manutenção e conservação, a exploração comercial e requalificação de terminais de ônibus vinculados ao sistema de transporte coletivo urbano de passageiros e do sistema de transporte público hidroviário na cidade de São Paulo; e confere nova redação ao inciso I do Art. 21 da Lei n. 13.241, de 12 de dezembro de 2001. Disponível em: http://leismunicipais.com.br. Acesso em: 7 nov. 2015.

MINUTA do Edital de Licitação dos ônibus de São Paulo. Prefeitura do Município de São Paulo, 2015. Disponível em: https://blogpontodeonibus.files.wordpress.com/2015/07/licit-minuta-edital-estrutural.pdf. Acesso em: 15 set. 2015.

PLANO de mobilidade urbana de São Paulo. São Paulo: Prefeitura do Município de São Paulo, 2015.

PROJETO de Emenda Constitucional n. 74 de 2013. Senado Federal do Brasil, 2013. Disponível em: http://www25.senado.leg.br/web/atividade/materias/-/materia/115729. Acesso em: 20 nov. 2015.

PROJETO de Lei n. 01-00481/2013. Dispõe sobre a concessão, precedida ou não de execução de obra pública, para exploração, administração, manutenção e conservação de terminais de ônibus vinculados ao Sistema de Transporte Coletivo Urbano de Passageiros na Cidade de São Paulo. *Diário Oficial*, 2 ago. 2013, p.106.

PROJETO de Lei n. 342/90, de 2 de outubro de 1990. Projeto de criação do Fundo Municipal de Transporte (Fumtran). Prefeitura Municipal de São Paulo, 1990. Disponível em: http://documentacao.camara.sp.gov.br/iah/fulltext/projeto/PL0342-1990.pdf. Acesso em: 2 dez. 2015.

SUBSTITUTIVO 4, da Liderança do Governo, ao Projeto de Lei n. 481/2013. Dispõe sobre a concessão, precedida ou não de execução de obra pública, para administração, manutenção e conservação, a exploração comercial e requalificação de terminais de ônibus vinculados ao Sistema de Transporte Coletivo Urbano de Passageiros na Cidade de São Paulo; confere nova redação ao Inciso I do Artigo 21 da Lei n. 13.241, de 12 de dezembro de 2001.

Entrevistas

Francisco Whitaker Ferreira
José Jairo Varoli
Lucio Gregori
Luiza Erundina de Sousa
Marilena Chaui
Mauro Zilbovicius
Paulo Arantes
Paulo Itacarambi
Paulo Sandroni

NOTA AO LEITOR

Na página anterior: Ônibus em São Paulo, em 1998.
Arte sobre foto do Museu SPTrans dos Transportes.

Nota ao leitor

Márcia Sandoval Gregori[1]

Escrever um livro sobre a Tarifa Zero e sua resistência histórica até os dias de hoje foi um privilégio enorme. Apesar do conhecimento prévio a respeito do assunto, desde minha tese de doutorado, da participação no Comitê Pró-Tarifa Zero, no Grupo de Trabalho de Mobilidade da Rede Butantã e no Conselho Participativo Municipal, era evidente a complexidade da incumbência. Eram muitas cabeças, personalidades, expectativas e ideias a serem contempladas e articuladas. Mas participar de um projeto histórico-propositivo, como é a alma deste livro, significava a possibilidade de sair da letargia de um momento profundamente paralisante para os setores mais à esquerda – como o que estamos vivendo nesta segunda década do século XXI.

Inicialmente, fiz a leitura do material previamente produzido com base nas várias entrevistas gravadas pelo jornalista Pedro Chaltein com Lucio Gregori, Chico Whitaker, José Jairo Varoli, Mauro Zilbovicius e outros convidados eventuais, como Paulo Sandroni e Paulo Itacarambi.

A fim de superar a informalidade que havia no material e aprofundar as percepções e histórias de cada um, foram

[1] Arquiteta e urbanista pela Faculdade de Arquitetura e Urbanismo da Universidade de São Paulo. Mestre pela FAU-USP e doutora pela FAU-Mackenzie.

realizadas entrevistas individuais. Por questões de agenda, somente foi possível entrevistar Gregori, Varoli e Zilbovicius, que atenciosamente conversaram comigo por longas e instrutivas horas em suas casas, falaram sobre sua formação acadêmica e política, narrando detalhes dessa história, importantes elementos que não haviam surgido até então.

O processo do trabalho envolveu a produção de textos-embriões redigidos por mim e discutidos coletivamente para receber inclusões e alterações, sempre honrando o protagonismo dos atores principais neste processo. Houve, ainda, um esforço para que as entrevistas com a prefeita Luiza Erundina e com Marilena Chaui, previstas desde o início do projeto, fossem de fato realizadas, o que agregou novos e relevantes ingredientes à narrativa.

Optou-se por uma narrativa linear e pontuada por destaques extraídos do texto e caixas à parte, continentes de episódios, dados e imagens de temas, que dialogam entre si, complementam e conferem agilidade à obra final. Tal estrutura deve proporcionar uma leitura de qualidade, fluente e leve, realizável por pessoas dos mais diferentes tipos de formação e interesses.

Ao conjunto, somou-se a participação mais do que especial do jornalista Juca Kfouri, que se dispôs a escrever o prefácio e o fez, como é de sua natureza, com a habilidade de um craque, equilibrando sutileza, sagacidade, bom humor e ótima pontaria.

Além da proposição de uma prática concreta e possível, a Tarifa Zero, o livro é também uma reflexão sobre a crise da atualidade e um aceno à possibilidade real de transformarmos o mundo, mulheres e homens, no sentido da conquista de uma vida mais justa e solidária, com respeito às diferenças e particularidades, sempre explicitadas, debatidas e negociadas.

Se o livro puder inspirar as pessoas para coletivamente profanarmos os tabus e fetiches perversos que o mundo, organizado tal como está, nos impõe, terá cumprido seu papel.